沖縄が問う
平和的生存権

小林 武 著
KOBAYASHI Takeshi

学習の友社

はしがき——沖縄で平和的生存権を考える

隣の米軍普天間基地 — 市民生活とは共存できない

私は、二〇一一年に沖縄県宜野湾市に移住し、米軍普天間基地のフェンスから一五〇メートルのところにあるアパートに住んでいます。フェンスには、つぎのように書かれたプレートが、数十メートルおきに貼り付けられています。

【U.S. MARINE CORPS FACILITY 米軍海兵隊施設 UNAUTHOREIZED ENTRY PROHIBITED AND PUNISHABLE BY JAPANESE LAW 無断で立入ることはできません。 違反者は日本の法律に依って罰せられる。】

まことに屈辱的な、日米安保条約・地位協定下の米軍と日本国民、とりわけて沖縄県民との関係をそのまま表した文章です。「日本の法律に依って罰せられる」の文字から、米軍に付き従う日本政府の卑屈な顔がのぞいています。

そして、何と、このフェンスの上端は外側、つまり町のほうに向けて傾斜させたうえで、有刺鉄線が張り巡らせてあります。つまり、人の住む町が監獄のように扱われているわけです。こうして、日本国民は、自分の土地が基地の中にあっても入ることができませんが、米兵は、自由に基地から出てきます。たとえば、私たちが朝のラジオ体操をしている宜野湾市の公園にもやってきます。私は、彼らと朝のあいさつを交わすにとどめて、「こうした構造をどう思うか」などという、ほんとうは尋ねたいことを抑えます。彼らは、軍隊（普天間基地に置かれているのは海兵隊です）の中で、沖縄は米国の戦利品であると教わっており、日々、人を殺す習性を身に付ける訓練を受けていて、その習性を帯びたまま基地の外に出ているのではないか、との恐怖が心をよぎるからです。

米軍機による加害は、軍用機が墜落する、またその部品を保育園、小学校に落下させるなどの相次ぐ事件・事故によって、また、日常的に、深夜に及ぶ爆音によってももたらされています。市内の飛行直下の場所での爆音は、あたかも内臓をハンマーで直接叩かれたようなショックを受けます。それに、機体調整のための爆音が、いつ始まりいつ終わるか市民には何も知らされないまま続きます。これらは一切、市民にはおろか、市役所への通知もありません。日米間では、普天間基地上空の飛行は「できる限り学校、病院を含む人口稠密地域上空を避ける」との合意があるのですが（一九九六年三月）、米軍は、「できる限り」を理由にしてこれをまったく守りません。沖縄の人々、とくに基地周辺の住民は、常々身体・生命の安全を脅かされているといえます。辺野古基地のような新しい米軍基地は断じてつくらせないという決意は、心底から出たもので、これからもけっして揺らぐことはないでしょう。

加えて、最近、基地周辺の人々の飲用水から、有害物質の有機フッ素化合物（ＰＦＯＳとＰＦＯＡ）が検出されました。住民は不安を募らせ、県が立入り検査を求めるのですが、米軍は、日米地位協定を盾にして拒否し、使用実態は明らかになっていません。

さらに、つぎのようなことまで起こります。――今年（二〇二〇年）一月二八日以降ですが、毎朝八時、その直前の集合ラッパのあと、合衆国、そして日本の「国歌」を大音量で流しています。夕方六時の降旗の際も大音量です。それまでも基地内ではおこなっていたのですが、突如、町中に響きわたらせるようにしたのです。もとより、住民への説明は、何もありません。私が、米側に質すべく沖縄防衛局に尋ねたところ、自治体から住民の苦情が寄せられていることを聞いており米軍に伝えた、とした上で、米軍の返事は、「適切な音量に調整することが可能か確認いたします」というもので、それで、防衛局としては、「今後とも関係機関と調整の上適切に対応してまいります」との見解を定め、宜野湾市にもそのように答えた、という返事でした（二月四日）。米軍の惹《ひ》き起こす問題についての沖縄防衛局の対処は、万事このようなものです。かえって、米軍を住民の抗議から守る「衝立」の役割に任じているのです。

この問題の本質はどこにあるのでしょうか。安保条約と地位協定によって、米軍は、日本全土の任意の地に基地を設けることができ、そこでは排他的に管理権を行使する、という仕組みになっています。米軍は今も実質的に占領軍なのであり、とくに、沖縄は戦争で勝ちとった、自由に使用できる植民地だとみなしています。その意識で、恥じることもなく大音量の放送などをしてはばからないのです。しかし、それは、住民生活の静謐《せいひつ》を害するにとどまらず、県民に強い屈辱感を与えています。毎朝夕、聴取を強いることで、沖縄の人々の独立国の主権者としての尊厳を踏みにじり、自立の心を摩滅させているのです。それに『君が代』が『星条旗よ永遠なれ』に随伴して流されることも、「同盟」の証しであるどころか従属の象徴にほかなりません。加えて『君が代』は、多くの県民に、沖縄戦における旧日本軍の残虐行為を思い起こさせています。

このように、沖縄は、今も米軍基地による席捲の下にあります。私は、この島にいて、人々の平和に生きる権利のありようと、その実現への道を考えたいと思います。

沖縄に住むきっかけとしての宮森小学校ジェット機墜落事件

沖縄人でない私が、なぜ沖縄を論じようとするのか、その理由を述べることをお許しください。私は、二〇一一年四月に沖縄に移住しました。この島に血縁地縁はなく、また仕事の事情のためでもないのですが、その動機はとても明瞭です。一九五九年六月三〇日の、石川市（現在うるま市）宮森小学校への米軍ジェット機墜落事件がそれです（普通、「事故」と呼称されていますが、実態に照らすならせめて「事件」としたいと思います）。

この日午前一〇時四〇分頃、米軍嘉手納基地所属のＦ一〇六Ｄジェット戦闘機が飛行中故障を起こし、パイロットはパラシュートで脱出して無人となり、町の家々をなぎ倒して小学校の校舎に墜落・炎上しました。死者一八名（児童一二名〔うち一名は後遺症による死亡〕）、負傷者二〇九名（うち児童一五五名）に達する大惨事です。当時、米軍の占領中でしたが、内外に報道され、私も、京都でラジオで聴きました。大学で憲法を教わり始めた時期でしたが、沖縄には日本国憲法が適用されず、基本的人権の保障がないことを知り、この不条理を沖縄の人々にのみ背負わせてはいけない、自身でいずれの日にか沖縄に渡りたいと思いました。この、稚い感情を昂《たかぶ》らせた一八歳の決意こそ、私が沖縄に向かうきっかけとなったものです。その後、憲法研究者の道に進み、半世紀余を経てしまいましたが、大学で七〇歳の定年を迎えてようやく移住は実現しました。

そして今、この目に映る沖縄は、米軍基地は実質一ミリも動いておらず、かえって、空からも（軍用機とその部品の墜落・落下）、陸でも（軍人・軍属による犯罪）、そして水の汚染（有機フッ素化合物の放出）、加えて、日常的な大音量放送等々によって、沖縄の人々の生命と人間の尊厳を脅かす存在でありつづけています。宮森小事件の場合、移沖後知ったのは、この小学校は田園の中にではなく、整然と区画された市街地の只中にあり、ジェット機はその住宅密集地に墜落してその衝撃で撥ね上がり、家屋を引きずりながら小学校の校舎の庇《ひさし》に激突し、エンジンの一部は教室の中に突っ込んだという、住民生活・学校生活を広範かつ根底から傷つけた大惨事であったことです。しかも、問題は今なお解決されていません。町の人々は、六月三〇日には毎年慰霊祭をおこなって、米軍基地のない沖縄の実現のための努力を誓い合っています。ここでも、憲法の保障する平和に生きる権利が具体的な形であらわれていることを感じます（宮森小ジェット機事件については、命と平和の語り部 NPO法人石川・宮森六三〇会編『命の叫び』〔二〇一五年〕を参照）。

沖縄で考える平和に生きる権利——この本で書こうとすること

沖縄の人々は、一九四七年施行の日本国憲法を七二年の本土復帰でようやく手にしました。憲法の下で生きる、これが「復帰」に込められた願いでした。日本国憲法は、その成立以来、平和のうちに人間らしく生きるためにこれを守り、活かそうとする民衆と、恣意的な統治のための妨害物であるとしてこれを憎悪する政権との間のきびしいたたかいの場に置かれてきました。そして今、憲法を権力行使の道具にかえてしまおうとする動きが、民意と道理を圧し潰す濁流のように進行しています。こうしたときにこそ、私たちは、原点に立ち還って、誰のために憲法はあるのか、憲法の存在意義は何かを改めて問い直し、確認しておくことが重要であると思われます。

それにあたって、先ほど述べたところから、憲法を沖縄で問うことは大きな意味をもつと言えます。今も、むしろ今、いっそうきびしく、憲法が歪められた姿を見せているのが沖縄です。一九四五年の沖縄戦と、それにつづく米軍直接占領下の四半世紀余の間、沖縄は憲法を奪われていました。一九七二年の施政権返還の後も、安保条約の法体制が憲法の法体制に優越し、とくに地位協定が米軍に治外法権的な特権を与えているために、沖縄住民は、米軍基地によって日々生命と人権を脅かされつづけています。それで、今、憲法を考えようとするとき、沖縄をその基点に置くことは、けっして的外れではないと言えます。私は、先にふれましたように、沖縄移住からまだ九年にしかなりませんが、基地近辺の住民の一人として感じていることを叙述に精々生かしたいと思います。

憲法にかかわる重要な問題は多数ありますが、この書物では、今述べたことをふまえて平和に生きる権利、すなわち「平和的生存権」を主題にして考えることとしました。これは、ご承知のように、憲法前文（第二段の末尾）に定められた、「恐怖と欠乏から免かれ、平和のうちに生存する権利」を指します。日本国民は、この平和的生存権に依拠して平和の建設を進める努力を重ねてきましたが、政権は、それが裁判の基盤となるような権利であること（具体的権利性）を断じて認めようとしなかった中で、近年、それを肯定する画期的な下級審判決（名古屋高裁二〇〇八年四月一七日）が出されたという状況があります。平和的生存権は、とくに沖縄では、県民は、米軍基地を基因にして、その侵害を日常的かつ常態的、また、現実的かつ具体的に受けています。この権利を人々が真に享受できるようにするために解決しなければならない問題は山積しています。

それにとり組むためにも、平和的生存権について、その本質と可能性を論究していく仕事が今も待たれています。それは、立憲主義の憲法秩序を破壊する国家権力の行為を正して憲法を回復させることにつながります。その場合、何より、平和的生存権の前に立ち現れている日米安保条約を頂点とする法体制、とくに日米地位協定と対峙する課題を追究しなければならず、またそれは、とりもなおさず、地方自治体と条例の役割に深く期待することになります。

以上のような、沖縄において平和に生きようとする人々をとりまく状況、沖縄で平和的生存権を実現する課題などを、この本の前半（第Ⅰ部）で扱います。そして第Ⅱ部では、平和的生存権の歴史や現在の意義など、議論されてきた主な論点についてわかりやすく解説し、また私の見解も入れつつ論じます。その入り口では、日本の裁判例の中でこの権利を見事な形で肯定した、イラク戦争への自衛隊派兵を違憲として市民が提起した訴訟の二〇〇八年名古屋高裁判決をくわしく検討します。その上で、平和的生存権が成立するに至る世界史的な流れと、日本国憲法がこれをはじめて憲法の中に採り入れたことの意義を考えます。そして、この権利の法的な構造を知り、それが、国家権力が戦争の挙に出ることをやめさせることのできる人権であることの意義の弁証につとめます。それをふまえて、平和的生存権が武力によらない平和を実現するための人類の貴重な財産であり、それを活かすことを説きたいと思います。

なお、本書の結びの意味で、補章として、沖縄の平和思想の特質といえるものについて考えます。このような、それ自体はむずかしいことを、尊敬する先人の顰《ひそみ》に倣《なら》って、できるだけやさしく書くようにつとめます。筆者が沖縄の現実の問題のさなかにいることが、その支えとなるかもしれません。実践の課題でもある今日的テーマについて、学問的にも耐えうるような内容を精々わかりやすくお伝えし、多くの人々の学習の糧となる本を提供することが願いです。

まことに拙い本書も、数々の先行業績（「参考文献」に挙げたものはその一部にすぎません）から学ばせていただいたことで成り立っています。先学の方々に深く感謝します。

末尾ながら、本書の刊行に際しては、労働者教育協会・学習の友社出版部のみなさんに格別のご配慮を頂戴しました。勝手な申し出を受け容れてくださり、また読み手の要求、関心に応えられるような書物にするための助言をいただきました。心からお礼を申し上げます。

二〇二〇年三月二六日
米軍、座間味村に上陸。住民を巻き込む地上戦＝沖縄戦開始の日に

小　林　武

【目次】

第Ⅱ部　平和的生存権を沖縄で活かす

第Ⅰ部　憲法と平和を沖縄から問う

第一章　沖縄――憲法のない戦後

1　相容れない二つの法体系と沖縄

独立した主権国家は、憲法を最高法規とするひとつの法体系をもっています。日本も、当然に、そのような体裁をとっていますが、実態は、安保条約が憲法を圧するかたちで、もうひとつの法体系を形づくっています。これは、沖縄の今日の問題を考える場合も、必ず直視しなければならない事実です。

安保体制とは、日米安全保障条約を頂点として、地位協定などの条約・協定、日本法の適用を排除する各種の特別法および密約を含む無数の日米合意などによって形づくられている法体系を指します。これを支える政治的・軍事的しくみを合わせて、一般に、安保体制と呼んでいます。この安保体制は、日本国憲法、とくに第九条と強い緊張関係をもち、本質的には相容れないものでありながら、わが国の法・政治の世界に厳然として存在しています。しかも、両者の関係は、「国の最高法規」（憲法九八条）である憲法を安保体制が侵害し、圧迫してやまない状況にあります。本来、国の最高法規である憲法の条規に反する国家行為は、すべて無効であり（同条）、また、法的効力において憲法が条約に優位することを前提として、条約は違憲審査の対象となりますが（八一条）、安保条約については、後に述べるように、違憲審査はまったく有効に機能しておらず、実態においては、安保が憲法に優位しているといわざるをえません（日米安保体制について、現代の「国体」であると指摘されることがありますが、事実認識としてはまさに正当です）。

このような状況が、とりわけて、沖縄ではあからさまな展開を見せています。安保条約とともにその第六条にもとづいて締結されている日米地位協定（名称は「協定」ですが、法形式としては条約にあたります）の法制が、アメリカ優位で日本を従属的地位に置く非対等な構造になっているため、米軍は、軍人等の起こした事件や基地に基因する事故について、その責任を実質的に免れるなど、傍若無人に振る舞っています。そのため、住民は、つねに生命を脅かされ、人間の尊厳をじゅうりんされているのが実情です。振り返って、沖縄は、太平洋戦争において、「国体護持」（天皇制国家の守護）を主眼とする「本土防衛」のための「捨て石」とすべく、住民を巻き込んだ地上戦の場とされたために、県民の四分の一の人々が犠牲となりました。沖縄戦後も、米軍による直接的な軍事占領が七二年の施政権返還まで続き、県民は憲法を奪われていました。加えて、復帰後、憲法は適用されたものの、安保条約・地位協定にもとづいて駐留する米軍とその基地は県民の生命と権利を侵害しつづけており、憲法はあってなきがごとき状態が現在まで続いているといわなければなりません。

そこで、以下、沖縄の戦後史を、安保と憲法の関係を念頭に置きながら考えておきたいと思います。

2　沖縄民衆の苦難の原点——沖縄戦

沖縄は、一八六八年の明治維新の直後に、明治政府の下で日本帝国の版図の中に強制的に組み込まれました。その一連の政治過程が「琉球処分」と呼ばれますが、七二年の琉球藩設置を始期とし、七九年の廃藩置県を経て、「分島」問題（日本と清国による琉球列島の分割の協議。偶発的事情で沙汰やみとなりました）が起こる翌八〇年を終期とする前後九年間にまたがっています。それは、明治政府の方針が軍事力を背景とする強権をもって一方的に押し付けられる形で遂行されており、「処分」と称されるゆえんです。これによって琉球王国は滅び、日本帝国に組み入れられて琉球藩となり、さらに沖縄県と改められ「廃琉置県」、四七番目の県として日本の一地方とされたのです。

沖縄県設置後の政府・県当局の政策は、民衆の要求に応えるものではありませんでした。明治政府は、沖縄の支配層を慰撫するために、国政参加・地租改正・法律の一元化などの近代的制度改革を遅らせる、いわゆる「旧慣温存」の政策を採りました。これは、結果として沖縄が、近代国家として発展しつつあった日本の中で、政治・経済の面で大幅に遅れをとる原因となりました。この遅れが、沖縄県民に他府県民との差別をもたらすものとなり、のちに、逆に沖縄の側から「日本化」を求める動きともなっていったわけです。とくに、一九三〇年代には、本土中央の国民精神総動員体制の流れにともなって、沖縄県内でも国民的同化・一体化が進められました。

日本は、一九三一年の「満州事変」を皮切りに、その後一五年に及ぶ侵略戦争を開始しました。そして、三七年の日中戦争への拡大を経て、四一年一二月八日、第二次世界大戦の一環としての太平洋戦争へと突入します。四二年六月のミッドウェー海戦の大敗以後、日本は、台湾・南西諸島の軍事強化を決定し、四三年夏から、沖縄島・伊江島・南大東島・宮古島・石垣島などの十数か所で軍用飛行場の建設を始めました。飛行場用地に指定された地域は、居住区、耕作地を問わず、強制的に収用されました。

一九四四年三月、沖縄守備隊（第三二軍）が編成されると、琉球列島各地に本土や中国大陸から続々と部隊が移駐し、民間の家屋をはじめ生活資材・食料・家畜も軍需物資として徴発されました。要塞化のための飛行場建設や陣地構築には、県内全域から徴用労務者のほか無給の勤労奉仕隊、生徒・学童たちまで総動員されました。同年七月のサイパン陥落後、政府は、住民を疎開させる計画を立て、沖縄戦直前までに約八万人が県外に疎開しました。この間、米軍の戦艦・潜水艦が沖縄近海に出没し、同年八月二二日には、学童疎開船「対馬丸」が潜水艦の魚雷攻撃を受けて沈没し、学童約八〇〇人を含む乗客約一七〇〇人のうちおよそ一五〇〇人が死亡するという悲惨事まで起こりました。

この年一九四四年一〇月一〇日、沖縄島の那覇市を中心に、米艦載機グラマンなどによる大空襲を受けました（「一〇・一〇空襲」）。那覇市は、市街地の九〇％が焼失し、多数の人々がなくなり、また琉球王朝以来の貴重な文化遺産も灰燼《かいじん》に帰しました。空襲の後、国頭（沖縄島北部）方面への疎開命令が出され、焼け出された那覇市民をはじめ三万人余がその途に就きました。そして、兵力補充のために現地徴兵、防衛召集がおこなわれたほか、男女生徒が「鉄血勤皇隊」や「ひめゆり学徒隊」などに編成されました。それは、「国体護持」のために沖縄を「捨て石」にして時間稼ぎをする戦略的持久作戦のための措置にほかならないものでした。

翌一九四五年、米軍は、沖縄上陸に先立って三月二三日に空爆、二四日に艦砲射撃を加え、沖縄戦の幕を切って落としました。そして、二六日には、先島にイギリス空母艦隊が来襲、同日、アメリカ上陸部隊は最初の目標地とした慶良間諸島に上陸し、二九日までに諸島全域を制圧しました。そこでは、避難した住民が日本軍の将兵に虐殺され、また「集団自決」（強制された集団死）に追い込まれた住民も少なくありませんでした。

同年四月一日、地上戦闘部隊だけでも一八万余、後方支援部隊を加えると五四万に及ぶ米軍は、沖縄島中部西海岸に無血上陸しました。「無血」であったのは、日本軍が米軍の上陸を阻止する作戦をとらなかったからです。日本軍は一〇万。しかもそのうち約三分の一は沖縄現地募集の補充部隊でした。米軍は、ただちに読谷山の北飛行場、北谷の中飛行場を占領し、同月三日、石川地峡を制圧して沖縄本島を南北に分断。北上部隊はほとんど抵抗を受けることなく北端の辺戸岬に達しました（一三日）。米軍主力部隊は、七日頃から、首里に置かれていた第二三軍司令部を目指して総攻撃を開始し、防衛陣地が構築されていた嘉数（宜野湾）と前田（浦添）の高台をめぐる熾烈な攻防戦を制した末、二〇日頃には首里周辺に迫りました。第三二軍は、南部の島尻方面へ移動することを決定し、二七日に撤退を始めました。

しかし、南部一帯には、すでに多数の住民が殺到しており、「鉄の暴風」と呼ばれる米軍の猛攻撃によって、阿鼻叫喚の地獄に突き落とされていました。敗走してきた日本軍の残存部隊は、自然洞窟（ガマ）や墓に避難していた住民を守るどころか、強制的に追い出し、食料を強奪するなどしたほか、スパイ・非国民視して殺害し、あるいは死に追いやるという事態が頻出しました。

六月五日から、米軍は八重瀬岳・与座岳一帯の日本軍防衛線にも猛攻撃を加え、中旬には小禄の海軍部隊（司令官・大田　実）を壊滅させました。同月二三日、第三二軍の司令官牛島　満は、参謀長・長　勇とともに摩文仁の司令部壕で自決し、ここに日本軍の中枢部は壊滅しました。しかし、牛島は、前もって一九日に、「各部隊ハ各地ニオケル生存者中ノ上級者之ヲ指揮シ、最後迄敢闘シ悠久ノ大義ニ生クベシ」という軍命を出しており、この自決は、戦争終結を遅らせただけでなく、いたずらに住民犠牲を増やす無責任きわまるものであったのです。米軍が作戦終了を宣言したのは七月二日、残存日本軍首脳が公式に降伏文書に調印したのは、九月七日のことでした。なお、米軍が直接に上陸しなかった先島の島々でも、艦砲射撃や空襲に見舞われたほか、深刻な食糧不足とマラリアによる犠牲者があいつぎました（「戦争マラリア」と呼ばれます）。

こうして、太平洋戦争の最終局面における沖縄戦は、人々が日常生活を営む場を戦場にした日本国内で最大の地上戦であり、非戦闘員の住民を巻き込んで犠牲にした、「地獄のありったけを集めた」と形容される凄惨な、非人間的所業であったといわなければなりません。その結果、沖縄戦の戦没者は、米軍一万二五〇〇人、日本軍約九万四〇〇〇人ですが、沖縄県住民は一三～一四万人にも達し、戦争マラリアや飢えによる犠牲者を含めると一五万人前後になると推定されています（この数字は、『沖縄大百科事典』上五九七頁、『鉄の暴風』四四九頁、『教養講座琉球・沖縄史』三二六頁〔いずれも、巻末の「参考文献」に掲載〕などを参照しました）。これは、「国体護持」を至上命題とする本土防衛のための時間稼ぎ、つまり本土決戦を一刻でも遅らせるべく沖縄とその住民を「捨て石」にした酷い戦争のもたらす必然の結末だったのです。

こうして、無数の、無辜《むこ》の人々が、命を落とし傷つき、その財産は灰燼に帰しました。生産施設や文化遺産なども破壊しつくされ、一部では山野の形状まで変わってしまったほどで――国破れて山河もなし――、沖縄は文字どおり焦土と化しました。

それゆえ、県民の戦後は、人間的生存の条件がすべて奪われたと表現しても過言ではない環境の下で始まりました。多数の人々が、収容所生活を長期にわたって余儀なくされました。その中でたとえば、本島中部の宜野湾部落住民の場合、米軍が帰村を許可したのは一九四六年一〇月、帰村の完了は翌四七年五月までかかりました。そして、ようやくにして生地に帰りついた人々が見たのは、もとの家も墓も田畑も、フェンスに囲まれ、米軍基地と化した光景でした（これが現在の普天間基地です）。そうした人々を含め、沖縄民衆は茫然自失の中で生きるための苦悩を重ねたわけです。米軍は、占領とともに（正確には、一部では沖縄戦進行中から）、軍政を敷いて直接統治を開始し、併せて恒常的かつ大規模な軍事基地建設を進めたのです。

3　憲法を奪われていた沖縄の二七年間

(1) 憲法の沖縄への適用の遮断

米軍は、上陸直後に米軍海軍元帥チェスター・ウィリアム・ニミッツの名で、『米海軍軍政府布告第一号』(いわゆる「ニミッツ布告」)を出し、日本帝国政府の沖縄に対する統治権を停止しました(この布告には四月とのみ書かれていて、日の記載がありませんが、通例四月五日とされています)。その第二項で「日本帝国政府の総ての行政権を停止」すること、第五項で「総ての日本裁判所の司法権を停止」することが告げられており、これによって大日本帝国憲法の沖縄への適用は遮断されたわけです。ただ、同布告は、その目的について次のように述べていました。

「日本帝国の侵略主義並びに米国に対する攻撃のため、米国は日本に対し戦争をする必要を生ぜり。且つ、これら諸島の軍事的占領及び軍政の施行は、わが軍略の遂行上、並びに日本の侵略の破壊及び日本帝国を統括する軍閥の破壊上、必要なる事実なり。治安維持及び米国軍政並びに居住民の安寧福祉維持上、占領下の南西諸島中、本島及びその近海に軍政府の設立を必要とす。」

とすれば、先に書きました沖縄戦終了の時点(遅くとも九月七日)において、沖縄は再び日本本土と同一の状態において軍事的直接占領を解除されて、連合国の間接統治の状態に入るべきが当然でした。

日本本土の場合、一九四五年九月二日の降伏文書の調印により、法的にもわが国は国家主権を喪失し、統治権力は連合国軍総司令部（ＧＨＱ）に委ねられることとなったのですが、日本国家の統治機構は排除されることなく、ＧＨＱの統制の下ではあれ、残されました。いわゆる間接占領です。ところが、沖縄では、国際法上の占領の下に置かれたという事態の同一性にもかかわらず、日本帝国の沖縄における統治機構、したがってそのもつ統治権力は完全に排除される状態が継続しました。すなわち、直接占領であり、沖縄には憲法（大日本帝国憲法）の適用は回復されなかったのです。こうした、沖縄を本土から切り離して米軍が直接統治する方式を、事実上のものから法律上のものにしたのが、一九四六年一月二九日にＧＨＱの発した『若干の外郭地域を政治上行政上日本から分離することに関する覚書』（「ＳＣＡＰ覚書」とも）です。すなわち、降伏文書調印という国際的合意にもとづいて認められた連合国軍最高司令官の、日本政府の統治権を制限する権限にもとづいて、米軍が沖縄を本土から分離して直接統治している事実に法的根拠を与えたものであるといえます。米国の沖縄統治の基本法は、前出のニミッツ布告にはじまり、一九五〇年一二月五日発布のいわゆるＦＥＣ（Far Eastern Command）指令「琉球列島米国民政府に関する指令」、そして五七年六月五日の大統領行政命令（「琉球列島の管理に関する大統領行政命令」）に引き継がれました。

ただ、留意すべきは、五二年四月二八日の対日平和条約（「日本国との間の平和条約」。五一年九月八日、サンフランシスコにおいて締結）の発効により、その時点からこの大統領行政命令までの時期は、平和条約三条が米国の沖縄統治の法的根拠とされていることです。すなわち、平和条約の第三条は、次のような表現で、沖縄を米国の統治下に置き続けることを定めていました。

「日本国は、北緯二九度以南の南西諸島（琉球諸島及び大東諸島を含む）孀婦岩の南の南方諸島（小笠原諸島、西之島及び火山列島を含む）並びに沖の鳥島及び南鳥島を合衆国を唯一の施政権者とする信託統治制度の下におくこととする国際連合に対する合衆国のいかなる提案にも同意する。このような提案が行われ且つ可決されるまで、合衆国は、領水を含むこれらの諸島の領域及び住民に対して、行政、立法及び司法上の権力の全部及び一部を行使する権利を有するものとする。」

つまり、沖縄を日本の本土から分離し、講和後も、米国が日本の国土である沖縄に対する主権を剥奪することに、日本政府が同意したことを意味します。こうして、講和によっても沖縄に日本国憲法が戻ることはなかったのです。

そして、この平和条約第六条（a）の但し書を根拠にして、日米安保条約（「日本国とアメリカ合衆国との間の安全保障条約」）が同時に締結され、発効も同時になされました。まさに、米国による、沖縄についての主権の剥奪＝平和条約三条と、日本全体についての主権の制限＝安保条約とは、同じ法構造の下で成り立ったものであるといえます（安保条約は、沖縄には、一九六〇年に改定された現行条約〔「日本国とアメリカ合衆国との間の相互協力及び安全保障条約」〕が七二年の本土復帰で適用されています）。

(2) 米軍統治下の沖縄側の政治機構

この米軍直接占領の二七年間、米側が沖縄県民に対する統治のために設けた機構は、目まぐるしく変遷しています。「沖縄諮詢《しじゅん》会」(一九四五年八月)にはじまり、「沖縄民政府」(四六年四月)、「沖縄議会」(四六年五月)、「沖縄民政議会」(四九年一〇月)、各「群島政府」(五〇年一一月)などを経て、「琉球政府」(五二年四月)に至るものがそれです。これら各々の政治機構は、もとより、それぞれの設立の背景が異なり、担うべき機能も特徴を有しています。しかしそれらは、立法・行政・司法の三権を整備した体裁をもつ琉球政府も含めて、米軍の統治が円滑におこなわれるようにすることを本質的な役割としたものであって、沖縄の側に統治の権力を返還しようというものではなく、したがってまた県民のための憲法をもつことを許したものではけっしてありませんでした。

すなわち、最初に設けられた「沖縄諮詢会」についていえば、米軍は、日本のポツダム宣言受諾によって無条件降伏が決定したのを受けて、一九四五年八月一五日、県民を収容所に入れている各収容地区から住民代表を招集して、「仮沖縄人諮詢会」をつくり、その人々のうちから一五人の代表を選ぶよう指示しました。選出の条件は、①農漁、商工などの専門的知識技術をもち、②地区的・社会階級的偏りがなく、③日本の軍部や帝国主義者と密接な関係をもたないこと、でした。同月二〇日に、その選挙がおこなわれて「沖縄諮詢会」が成立し、同月二九日の第一回会議で委員長に志喜屋孝信を選出しています。戦後沖縄最初の中央政治機構とも評され、翌四六年四月に沖縄民政府に受け継がれるまで、住民の声を米軍に反映する積極的な役割を果たした側面もありますが、基本的に米国海軍軍政府の諮問・下請け機関にとどまりました。

このように、米軍政府は、沖縄占領統治を始めるに際して、沖縄側の行政機構については、中央では諮詢会のような、軍政府の補助的機関を設置するとともに、地方の政治機構は戦前の市町村を復活させてそれを行政の基本的単位とする、という方針をとりました。

それで、米軍政府は、一九四五年九月一三日に「地方行政緊急措置要綱」を公布し、収容所を置いた一二地区において、市長および市会議員の選挙を実施しました。同年九月二〇日の市会議員選挙で選出された議員によって三名の市長候補が指名され、同月二五日の、二五歳以上の男女が選挙権をもつ一般投票によって市長が選ばれました（女性参政権の実現は注目されるべき事柄です）。翌一〇月三〇日から順次、住民は旧居住地への帰還を許され、収容所からの移動が始まりました（この移動は、翌年四月頃まで続きました）。住民の旧居住地への移動にともなってそれまでの占領地区機構も手直しされ、四五年一二月、軍政府は市町村制を復活して、原則として終戦時の市町村長をそれぞれの市町村長に任命しました。

こうして地方の政治機構が一応整備されるとともに、中央機構についても、軍政府は、沖縄諮詢会を統一的な中央行政組織に移行させようとし、「沖縄民政府」を設立させました。しかし、そこでも、沖縄県民による自治、民主化は何ら実現しておらず、米軍統治を円滑に進めるための機能を果たすことに主眼が置かれていました。この本質は、後の「琉球政府」、つまり沖縄返還時まで変わることがなかったのです。

(3) 憲法制定過程からの沖縄の排除

沖縄でアメリカによる軍事的統治が進行しているとき、本土では、憲法改正、すなわち大日本帝国憲法の廃棄と新憲法の制定が不可避の課題となっていました。しかし、何としたことか、沖縄は、それを審議する帝国議会の衆議院議員総選挙から排除されるという扱いを受けます。これを取り上げておきましょう。

帝国憲法の改正は、ポツダム宣言の受諾による連合国への降伏と、その結果、履行の義務を負うこととなった「日本国国民の間に於ける民主主義的傾向の復活強化に対する一切の障碍」の「除去」、「言論、宗教及び思想の自由並に基本的人権の尊重」の「確立」、「最終的の日本国の政府の形態」の「日本国国民の自由に表明する意思」による「決定」などの諸条件を実行することをも意味しました。その審議をするに先立って、衆議院議員総選挙が実施されることになりましたが(実際には一九四六年四月一〇日に実施)、この選挙に備えて、四五年一二月、第八九回帝国議会で衆議院議員選挙法の改正がおこなわれました。それにより、女性の選挙権・被選挙権が保障されることになり、わが国政治史上初めて真の普通選挙権の実現を見るという積極面もありましたが、他方で、沖縄県民の選挙権を、台湾・朝鮮など旧植民地の出身者の選挙権とともに停止するという重大な欠陥を孕むものでした。すなわち、改正法案は、「沖縄県、…並びに海上交通杜絶其の他特別の事情のある地域にして勅令を以て指定するものに於ては勅令を以て定る迄は選挙は之を行はず」としていたのです。

沖縄は、帝国議会の衆議院には一九一二年に初めて代表を選出しています。衆議院議員選挙法は大日本帝国憲法と同じく、一八八九年二月一一日に公布され、翌九〇年に最初の総選挙が実施されています。沖縄県について二〇年余も延引されたのは、政府の旧慣温存策を直接の原因とする土地整理事業の遅れから近代的土地所有関係や税法が未確立であったことによるとされます。すなわち、県民の国税納付額が不明で、選挙権・被選挙権の要件とされていた個人別直接国税の額がつかめず、また近代的府県制や市町村制が成熟していなかったため、選挙法の運用に支障があるとみなされたわけです。沖縄の定員は、当初二名で、選挙区から宮古・八重山の両郡が除外されていましたが、ともかくも一九一九年の総選挙からは定員が五名に増えて有権者比では他府県並みとなり、宮古・八重山も選挙区に加えられました。

他方、貴族院は、大日本帝国憲法にもとづいて一八八九年二月一一日に開設されていますが、議員は、貴族院令によって、皇族・華族の他、国家に勳労があり、または学識がある者、多額納税者から構成され、選挙によって選ばれるものではありません。沖縄からは、九〇年以降、華族選任の旧琉球王朝の王族や、男爵伊江朝助、また一九一八年以降は多額納税者が議員となっています。いずれにせよ、帝国議会両院ともに、沖縄からの議員の席はあったのであり、当然第八九回議会でも維持されていました。

そこへ、沖縄県民の選挙権行使を停止する衆議院議員選挙法改正が提案されたわけですが、これに対して質疑をしたのは、沖縄選出の漢那憲和代議士唯一人でした。その要点は、次のところにあります。──此の度の戦争で戦死者・餓死者合わせて十余万に達し、郷土の大半は全くの焼野原と化した沖縄は、その払った犠牲の質において全国第一であろう、とした上で、それにもかかわらず帝国議会における県民の代表を失うことは、福利擁護の上からも、帝国臣民としての誇りにおいても言語に絶する痛恨事で、沖縄県に対する主権の放棄をも意味する、と訴えました。その上で、この問題で政府はGHQと折衝したのか否かを問いつつ、問題解決の方法として、沖縄などについては、現今の非常特別の場合には慣例や形式を超越して、選挙を再開する勅令の出るまで従前の議員を以て議員に充てることにするという暫定措置をとる可能性如何、と迫ったのです。

この漢那質問には、堀切善次郎内務大臣が答弁に立ちました。GHQとは折衝したが同意が得られなかったと述べ（ただし、その真偽は疑わしいとされています）、また、衆議院議員の任期満了による総選挙の場合は一部の議員の任期を延ばすことは不可能ではないが、今回のような解散の場合は憲法上できないと答えて、提案を斥けています。なお、芦田 均厚相も答弁していますが、沖縄県民の疎開者の引揚等について、同様にマッカーサー司令部の同意を取り付けるに至っていない、というものでした。

堀切内相の答弁では、GHQの同意が得られ交通の杜絶が解決したなら直ちに勅令でもって選挙を執行したい、とされていました。しかし、その執行には、実に四半世紀を俟《ま》たなければなりませんでした。祖国復帰を控えた一九七〇年一一月の衆参同日選挙で、沖縄県民は、戦後では初めて有権者たりえたのです（「国政参加国会議員選挙」と沖縄では呼称されています）。

こうして日本国憲法は、この第八九回帝国議会で改正された衆議院議員選挙法にもとづく選挙によって構成された第九〇回帝国議会において、沖縄の県民代表を欠いたままで審議され、成立しました。国民主権を原理とする憲法の制定が主権者国民の一部の参加を拒否してなされたことは、今日においても改めて重大視しておくべき事項であると考えます。あまつさえ、その重大事が当時も今日に至るまでも、学問的作業の中でさえほとんど等閑に付されてきたことが問題を一層深刻なものにしている、といえます（この事実を指摘していたのは、古関彰一論文〔巻末・参考文献参照〕が唯一であったと思われます）。

4　沖縄返還と憲法

（1）憲法のもとへの復帰であったのか

沖縄県民が憲法を取り戻したのは、一九七二年五月一五日の本土復帰（沖縄返還、施政権返還）によってです。それまでの、大日本国憲法の二年間と日本国憲法の二五年間、計二七年にわたって憲法をもたない国民と国土が、一国の中に存在したわけであり、このことをしっかりと確認しておかなければなりません。そのような歴史の中で、沖縄の人々の憲法への熱望は育まれました。

日本国憲法の下への復帰の期待を語ることばを挙げておきましょう。――例えば、一九七一年一一月一八日付の屋良朝苗琉球政府行政主席（初めての民選主席です）の名による『復帰措置に関する建議書』は言います。「〔私たちは、〕沖縄県民の要求する復帰対策の基本も、すべての戦争およびこれにつながる一切の政策に反対し、沖縄を含むアジア全体の平和を維持することにあることを挙げてきました。そして、沖縄県民の要求する最終的な復帰のあり方は県民が日本国憲法の下において日本国民としての権利を完全に享受することのできるような『無条件且つ全面的返還』でなければならないことも繰り返し述べてきました。しかるに、…返還協定の内容は、明らかに沖縄県民のこれらの理念や要求に反するものであります」と。

また、一九六一年四月四日に結成された沖縄自由人権協会の結成一〇年の時点で、比嘉利盛理事長は次のように語っています。「沖縄県民は、日本国民として、日本国憲法が保障する基本的人権を享受しうる当然の権利があり、沖縄県民の人権擁護はわれわれの義務であります。…沖縄における人権侵害の主要な根源が祖国からの分断とそれに伴う異民族の軍事支配にあり、…その終局的解決は祖国日本に復帰する以外にはありえない」のです、と。しかし、その祖国復帰は、実際にはどのようなものであったのでしょうか。

一九七二年の沖縄返還は、六九年の佐藤・ニクソン共同声明によって決定されたものですが、その内容は、沖縄における基地の重要性とその機能維持が強調され、復帰後も沖縄の軍事基地が不変であるとの約束を基本とするものでした。これは、県民が叫び続けてきた、核も基地もない形での真の復帰に逆行するものであり、交渉内容が明らかになるにつれて、共同声明に沿った復帰に反対する県民の抗議と完全本土並み返還を要求する運動は大きく広がりました。しかし、ここでも、沖縄県民の声は封殺されて、沖縄返還協定は共同声明を具体化した形で作成・調印され、沖縄における膨大な米軍基地は、日米安保条約体制下に組み込まれて、そのまま存続することになったのです。

米国は、沖縄に対する施政権を、その日本復帰に伴って失ったわけですが、沖縄返還協定の三条は、同協定の発効の日以降も沖縄の基地の継続使用を米国に許し、その法的根拠は本土についてのそれと同様、安保条約六条であることを明らかにしていました。そのため、日本政府側は、米軍への基地提供法制として、まず、五年を暫定使用期間とする「公用地法」を制定し、さらにその終了に対応すべく、「地籍明確化法」を、米軍基地内の地籍不明地の明確化にかこつけて制定し、さらに五年間の使用を認めました。これらの法律に対しては、琉球政府そして復帰後の沖縄県は、憲法二九条、三一条および一四条に違反するものであると強く抗議しましたが、日本政府はそれを受け容れませんでした。そして、一九八二年に「地籍明確化法」による使用期限が切れると、それまでほとんど用いられることなく事実上「死法化」していた、土地収用法の特別法である「駐留軍用地特措法」を突如復活させて強権発動し、現在に至るまで、同法による強制使用をおこなってきたのです。

——こうしたことは、事実上、戦争による占領が現在もなお継続していることを物語っています。このような苦しみを味合わされているのは、わが国において沖縄県民の外にはないといわなければなりません。その結果、現在、沖縄における米軍基地は、米軍が常時使用できる専用施設に限っても、実に全国の七〇％余が、国土総面積のわずか〇・六％しかない沖縄県に集中するという状況が現出しています。このことこそ沖縄における県民の人権侵害を惹き起こす元凶となっているのです。

このような状況は、憲法と安保条約との関係でいえば、最高法規である憲法とその下にある法律・命令・規則などによって築かれている国家主権・平和主義・国民主権・人権保障の法体系を、安保条約・地位協定と各種の特別法から成る法体系が突き崩し浸食している事態である、と認識することができます。これがとりわけ沖縄では、治外法権的様相を呈しているといわざるをえません。

なお、日米安保条約は、これまでに述べましたように、復帰前の沖縄には適用されない形になっています。規範上も、その第五条は、「各締約国は、日本国の施政の下にある領域における、いずれか一方に対する武力攻撃〔が惹起する〕……共通の危険に対処するように行動する」としています。したがって、施政権下になかった復帰以前の沖縄については、沖縄が武力攻撃を受けても日米両国は法的にはその域外に立つ、という構造であったわけです。しかしながら、現実には、当時から、沖縄は、安保条約上の日米両国の共同防衛区域に厳然と組み込まれていました（たとえば、一九六〇年一月一九日の「日本国とアメリカ合衆国との間の相互協力及び安全保障条約についての合意議事録」）。条約の文面上は否定しつつ、実質的には沖縄に安保条約を適用する仕組みがつくられていたのです。これは、安保の性格を考えるとき、重要な問題であるといえます。

(2) 沖縄返還協定の基本的性格

①日本国憲法不在の沖縄返還協定

「祖国復帰」、すなわち「施政権返還」の法的枠組みを定めたものは、一九七一年六月一七日調印・七二年五月一五日発効の「沖縄返還協定」(「琉球諸島に関する日本国とアメリカ合衆国との間の協定」。七つの付属文書を伴う)です。協定の核心を成す第一条は、「アメリカ合衆国は、〔平和〕条約第三条の規定に基づくすべての権利及び利益を、この協定の効力発生の日から日本国のために放棄する。日本国は、同日に、これらの諸島の領域及び住民に対する行政、立法及び司法上のすべての権利を行使するための完全な権能及び責任を引き受ける」と定めています。前段のアメリカの施政権放棄こそ、沖縄県民の祖国復帰運動を中心とする日本国民の沖縄返還運動がかちとった成果です。同時に、後段にいう「責任」の中に安保条約が沖縄に即日(発効と同日)に適用されること、および、アメリカに対して沖縄における基地を従前と変わらずに提供することが含意されていました。ついで二条では、協定の発効により日米安保条約や通商航海条約が沖縄にも適用されること、また三条では、日本がアメリカに対し在沖縄米軍基地の使用を安保条約・地位協定にもとづいて引き続き認めることが定められていました。

結局、施政権返還は、沖縄におけるアメリカの軍事支配を損なうことなく確保するという基本趣旨を貫徹するものであったといわなければなりません。これは、平和憲法のもとへの復帰という県民の要求とは真っ向から敵対するものであり、沖縄の日本復帰を憲法の実現だととらえる理念と、現実の返還との間には巨大な乖離がありました。それにもかかわらず、このような法体制の下に沖縄を置くことをもって、政府は「本土並み返還」だと説明したのです。

さらに、返還協定には、従来の国際条約には見られなかったような独自の条項群があります。対米請求権の放棄(四条)、基地外にあるアメリカ資産の日本側による買取り(六条)、裁判の効力の引継ぎ（五条）、さらに、ＶＯＡ（Voice of America）中継局の運営継続の容認（八条）などです。要するに、沖縄返還協定は、アメリカの極東戦略の一部肩代わりを日本に求めたニクソン・ドクトリンの具体化としての佐藤・ニクソン共同声明を再確認し、条約の形にしたものだといえます。沖縄は、この協定が一九七二年五月一五日に発効したことにともなって、平和条約三条による米国の統治からは離れましたが、新たに安保体制の枠組みに組み込まれて米国の軍事的重圧を受けつづけることとなったのです。

少しくわしく述べますと、「返還」協定は、アメリカ合衆国が簒奪《さんだつ》していた（つまり、平和条約三条により不法に統治していた）沖縄の施政権を日本国に返還する法的仕組みですから、それは本来は、沖縄を日本国憲法のもとへ復帰させることでなければならなかったはずです。しかしながら、実は、奇妙なことに、協定の中に日本国憲法の語はまったく登場しません。それは、沖縄返還が、県民の真摯な願いに占領者が反省を込めて応えた理性の作品ではさらになく、アメリカの世界戦略上の軍事的合理性と日本政府の政治的・経済的打算の産物であることからすれば、むしろ当然であったというべきでありましょう。そこで、返還協定の背景を成す佐藤・ニクソン共同声明とそれを促したニクソン・ドクトリンにふれておきます。

②ニクソン・ドクトリンと佐藤・ニクソン共同声明

日本政府が、一九六九年一一月の日米共同声明（佐藤・ニクソン共同声明）においてほぼ全面的に追随し、国策の基調とする態度をとったものが、後に「ニクソン・ドクトリン」と呼ばれる米国の戦略です。これは、（ⅰ）アメリカはすべての条約の義務を守る、（ⅱ）核保有国が同盟関係にある国、またはその国の存亡がアメリカおよびアジア地域全体の安全保障にとって重要とみなされる国の事情を脅かすなら、アメリカは保護を提供する、（ⅲ）その他の形の侵略に際しては、アメリカは、要請がありかつ適当と認めるときは軍事的経済的援助を与える、（ⅳ）しかし、アメリカは、直接に脅威を受けている国が防衛力のための兵力を提供し主たる責任を担うことを期待する、などの諸原則から成ります。

その狙いは、局地防衛任務は同盟国の軍隊に担わせ、アメリカは、海外の駐留基地から地上戦闘部隊を撤収し、軍事費を節約することにありました。沖縄については、基地の膨大な維持費を分担させて海外駐留経費を節約し、加えて、戦後半世紀にわたる異民族支配で先鋭化し基地の保持にとっても脅威となってきた住民感情を、日本政府を間に置くことによって宥和することができると考えたわけです。他方、日本政府は、米国に沖縄基地の安定的な使用を保障することで日米安全保障体制を強化することができました。両政府にとって、沖縄返還は軍事同盟の実質的な強化を意味したのです。

佐藤・ニクソン会談後に発表された日米共同声明は、まず、アジア地域の平和と繁栄のための密接な日米同盟をうたいあげ、つづいて、佐藤首相は、この平和と繁栄が極東における米軍の存在によって支えられている、という認識を積極的に述べています。その上で、「韓国の安全は日本自身の安全にとって緊要」であり、「台湾地域における平和と安全の維持も日本の安全にとって極めて重要な要素である」ことが強調されます。さらに、ベトナム戦争を「南ベトナム人民が外部からの干渉を受けずにその政治的将来を決定する機会を確保するための米国の努力」と定義づけた上で、沖縄返還は、この「米国の努力に影響を及ぼすことなく」実現されなければならない、と強調しました。そして、「復興後の沖縄の局地防衛の責務は、日本事態の防衛のための努力の一環」であると位置づけられました。このような内容をもつものとして、「一九七二年中に沖縄の復帰を達成する」とし、重大な論点であった「核抜き」については、「核兵器に対する日本国民の特殊な感情およびこれを背景とする日本政府の政策」に、ニクソン大統領が「深い理解」を示す形で処理されました。

沖縄の返還は、まさに、このような「共同声明の基礎の上に行われる」ものとされたのです（協定前文）。そうである以上、沖縄返還協定は、その批准や効力発生また具体的適用のいずれもが、アメリカにとっての軍事的利益の確保に最後まで従属することになります。そして、それは、平和条約三条下の沖縄において米国の軍事的利益の確保がつねに優先されていたことからすれば、返還協定が条約三条の役割を引き継いだことの当然の帰結でした。別言するなら、沖縄返還協定の目指したものは、アメリカが、異民族支配というもっとも極端な領有形態から離脱することによって、沖縄住民の抵抗エネルギーを体制側のイニシアティブで沈静化させ、支配の政治的安定度を高めること、また、相互防衛体制を沖縄に拡大することによって、前線基地沖縄の直接防衛に日本の軍事力を活用することにあったといえます。すなわち、厄介な住民対策、民政への出費を日本に肩代わりさせ、最も危険な沖縄局地防衛の任務を自衛隊に委ね、極東戦略における日本の一層積極的な姿勢を確保し、一方アメリカの基地機能は本質的に変わりなく保持することであったわけです。つまりは、実質的に沖縄を返還しないための「施政権返還」であったとさえいえるのです。

③沖縄住民の法的地位と施政権返還

一九七二年の施政権返還まで、沖縄常住の日本人である「琉球住民」に対して、琉球政府、その立法院および裁判所が存在していたわけですが、それらによる行政・立法・司法の作用は、軍事機関である高等弁務官をとおして完全に米国の権力に従属していました。それは、五二年の講和まで連合国による占領行政の下にあった本土の体制より一層従属性の強いものでした。つまり、戦争状態を終結させる講和の後も、沖縄では戦時状態が続いたといえます。

そこにおいて、沖縄でおこなわれる法は、アメリカ合衆国大統領の沖縄に対する強制命令を頂点とし、それが国務長官、そして現地における最高責任者たる高等弁務官の布告・布令をとおして実施されます。琉球立法院の立法は、これらのアメリカ法令の下位にあり、また、日本国憲法とその下にある日本法令は、沖縄において、アメリカが認めた場合を除いて、日本人である沖縄住民に適用されない状況でした。すなわち、沖縄は、日本の主権から実質上完全に切り離されていました。しかも、そうでありながら、沖縄はアメリカの領土でなく、沖縄住民は合衆国国民ではなく、したがって、合衆国憲法の適用は保障されず、特別の地域法令が軍事機構の下で適用され、同時に日本国憲法の適用は排除されました。つまり、いずれの憲法の一般的適用からも疎外されてきたわけです。元来、沖縄は独立国家の本国地域に属していたものが、その意思に反して、外国による、近代憲法の一般的保障のない特殊な法的政治的支配の下に置かれたのであって、その本質は植民地的支配であり、それが平和条約三条の実態でした。

他方、もとより、施政権返還には、沖縄の人々の多年にわたる努力の成果が反映されており、とくに、沖縄住民の法的地位は、憲法原理上の転換を見ました。先に述べたようなまことに許しがたい法状況は、植民地体制崩壊の世界的動向の中で、遂に終焉を迎え、沖縄の人々は、日本国憲法の適用を受けて、日本国籍を有する日本国民となったのです。

(3) 憲法優位の法体系一元化の課題

人々が、「祖国復帰」、一九五二年以降は「施政権返還」を掲げて要求し続けた「沖縄返還」は七二年に実現をみたわけですが、結局それは、米軍基地は居残り、アメリカの極東戦略(ひいては世界戦略)に支障のない限りでの、さらにはその運用を合理化するための「返還」であることを本質とするものでした。

すなわち、法体系的に見れば、サンフランシスコ講和条約によって、本土は、その五条・六条とそれにもとづいて締結された日米安保条約によって実質的な半占領状態に変わりましたが、沖縄は、講和条約三条により、全面的占領状態がつづきました。これが、沖縄返還によって一元化されることになったわけですが、それは、本来当然にもたらされるべき憲法を頂点とする本土法への一元化ではなく、憲法と矛盾しこれを阻害してやまない安保体制が、沖縄にまで拡大したことを意味するものでした。

沖縄は、これまでにも述べましたように、一九四五年の沖縄戦開始直後に憲法（大日本帝国憲法）の適用を遮断され、戦後の憲法改正つまり日本国憲法制定過程から排除され、さらに、講和以降も、平和条約三条によって無憲法状態を強いられました。そして、これほど人々が待ち望んだ憲法の故郷への帰還を実現するはずのものとしての返還も、実質的には安保・地位協定の下に組み入れられることにほかならなかったのです。事情がそのようであってみれば、「潜在主権」の把持国であり、返還されるべき「施政権」の主体であるはずの日本国の政府が、沖縄返還に一貫して熱意をもたず、いわば不作為を貫いていたのも、情けないことながら当然だといえましょう。

たとえば、一例として、一九六六年の「裁判移送事件」（「裁判移送事件」とは、米軍統治下で、その最高権力者「高等弁務官」が、琉球政府裁判所が審理していた事件を米国民政府裁判所へ移送すべしとする命令を出した事件を言います）で、立法院は代表を上京させ移送命令撤回に日本政府として尽力することを要請したところ、要請を受けた安井　謙総務長官は、「この問題は、日本政府が、対米交渉をして法律論をたたかわせるべき問題ではない。ただ非常に困った問題でこじれて大きくするのは、米琉ともに利口なことではない。解決の具体案は、高等弁務官とワシントンの間でなければ出せないだろう」と述べています。このように政府の対応はきわめて冷ややかで、そこには、解決のためにはたらこうとする意思は全くなかったといえます。もう一例を示すなら、六七年の段階になってもなお年頭の頃は、沖縄はマスコミでも完全に黙殺されていました。それが、半年後には政府は沖縄問題を喧伝するようになったといわれます。

それは、その間に米側から、「七〇年までに返還の可能性あり」（上院外交委員会委員長）、「基地保持と返還は両立可能」（アンガー高等弁務官）などの発言が伝えられたからにほかなりません。要するに、日本政府は、沖縄県民の努力が返還へと実を結ぶ展望が見えたその時期に、アメリカの意向を汲んで身を乗り出してきたのです。ここに見られるような事態は、今日、本質的には何も変わっていないといえます。

すなわち、今、沖縄の米軍基地のもたらす事件・事故による人々の怒りと悲しみはまことに大きいものがあります。たとえば、二〇一六年四月二八日、元海兵隊員による二〇歳女性に対する凶悪犯罪が惹き起こされました。六月一九日、その被害者を追悼し、海兵隊の撤退を求める六万五〇〇〇の人々の参加による県民大会が開催されましたが、そこでは、①在沖米海兵隊の撤退及び米軍基地の大幅な整理・縮小、②県内移設によらない普天間飛行場の閉鎖・撤去、③日米地位協定の抜本的改定、を要求することが決議されています。これは、「沖縄返還」のレジームの蔵している矛盾が、半世紀近くを経てなお解決されておらず、かえって限界点に達していることを物語っているといえます。

国民・住民の生命と生存の確保にこそ国・自治体の存在意義があります。この県民大会で、沖縄県の翁長雄志知事（当時）は、県民の命を守れなかったのは知事として痛恨の極みであり、次の犠牲者を出すまいと誓いましたが、他方、安倍政権は、県民大会の決議を一蹴しました。それゆえ、住民の生命を守る役割は、今や、国には頼ることができず、沖縄の自治体がみずから担わなければならないものとなっていることを、多くの人々が知りました。そのために、沖縄の自治体には、米軍・軍人の基地外における行動を規制する条例を制定することまで求められています。

沖縄返還以来、問題の根源にあるものは日米安保条約の体制です。今日、基地をなくそうとする沖縄の運動の一致点に、安保条約の終了は入っていません。しかし、多くの人々が一致している地位協定の抜本的改定は、安保条約六条をとおして安保体制そのものの是非を根源から問い直すところに進まざるをえないでありましょう。憲法を頂点とした一元的な法体系を構築する課題は、今や、沖縄で具体的な形をとりはじめているのです。

第二章　憲法と安保の矛盾の中の沖縄

1　憲法の上に立つ安保・地位協定

（1）住民の土地を強奪して形成された沖縄米軍基地

①米軍の沖縄占領と基地構築

一九四五年四月一日の本島上陸で本格化した沖縄戦中に、米軍は、ひとつには、占領した旧日本軍の基地をそのまま、または拡張して米軍の基地としました。嘉手納基地がその例です。

もうひとつは、同じくこの間に、それまで基地でなかったところに、戦火からの逃避行を余儀なくされた住民を収容所に入れ、無人にした民間地域を囲い込んで新設した軍事基地です。普天間基地はこれにあたります。宜野湾市の中央に居座るこの飛行場は、現在、垂直離着陸輸送機「オスプレイ」が配備された、在日米軍基地の中で有数の、かつ、世界で最も危険だと当事者の米側さえ懸念している海兵隊基地ですが、沖縄戦までは、首里と沖縄本島中部を結ぶ、松並木の美しい街道が通り、沿道は商業、文教、官庁などの施設のある地域で、周辺にはサトウキビ畑が広がる平和な郷でした。それらをなぎ倒して建設したのです。二〇一五年に作家の百田尚樹氏が自民党議員の会合で、普天間基地はもともと無人のところに作られたものだと述べたのは、無知と悪意にもとづくデマです。市民のみなさんは、これに強く憤り、抗議しました。このような形で一九四五年に米軍が囲い込んだ土地は一億八二〇七万㎡にも及び、その後米側は不要とした土地は手放したものの、五五年段階でも、一億六一八四㎡が接収されたままでした。

こうした基地構築について、米軍は、国際法上当然に与えられた権利であるとの見解に立っていました。その法的根拠としては、「陸戦ノ法規慣例ニ関スル規則」（いわゆる「ハーグ〔ヘーグ〕陸戦法規」）第三節（款）第五二条を挙げ、何らの法制上の措置も必要でないとし、占領当初の軍用地はもちろん、その後の新規接収地に対しても軍用地料の支払いをせず、無償のまま使用を続けたのです。

しかし、ハーグ陸戦法規のこの条項は、「占領軍ノ需要ノ為」の動産の徴発のみを許したものであって、戦争が事実上終結した後の軍事基地・軍用地の接収等を継続するための法的根拠にしたのは、まったくの牽強付会であったといわなければなりません。そして、それにもまして、同法規第二三条が、「ト」号に、「戦争ノ必要上万已ムヲ得サル場合ヲ除ク外敵ノ財産ヲ破壊シ又ハ押収スルコト」を禁止事項として定めていることが重要です。すなわち、米軍が本土攻撃に備えて軍用地接収・基地建設をおこなうことは、一九四五年六月から八月にかけての実質的な沖縄戦の終結、とくに八月一四日のポツダム宣言受諾の段階でその根拠がなくなっており、遅くとも降伏文書に調印した九月七日以降は、いかなる意味でも正当化されるものではありません。つまり、二三条ト号は、上記接収等の継続が明瞭な国際法違反であることを示す積極的根拠となる規定であるといえます。しかし、米軍は、これを無視しつづけました。

②講和後の「銃剣とブルドーザー」による接収

一九五二年四月二八日、対日講和条約（サンフランシスコ平和条約）の発効により、法的に、日米間の戦争状態は終了し、日本は独立国としての主権を回復することになりました。しかしながら、沖縄は——奄美、小笠原とともに——同条約三条により日本本土から分離され、米国の施政下に置かれました。そこで、米軍は、布告・布令を次々と発布し、軍用地使用を法的に追認するとともに、新たな土地接収を強行しました。それは、武装兵力を動員し、住民を強制的に排除していくという、「銃剣とブルドーザー」と呼ばれる力づくの接収で、講和前にも例がないものでした。つまり、主権回復とひきかえに日本本土から切り捨てられて米軍の施政権下に置き去りにされた沖縄では、米軍の暴虐の限りが尽くされるままに、米軍基地が拡大され続けたのです。この米軍による土地強奪は、那覇市安謝・銘刈地区、宜野湾村（現在は市）伊佐浜、伊江村真謝・西崎地区などで強行されました。

こうして形成された米軍用地は、復帰時にはおおよその九七％が地主との「賃貸借契約」の形式をとっていましたが、実態は、米軍が強制的に接収しておきながら後になって契約の形を整えたに過ぎないものでした。結局、沖縄の米軍基地は、復帰前の米国施政下でも正当な法的根拠をもたないものであったことが確認されるわけです。

③復帰後の安保条約下の基地提供法制

一九七二年五月一五日に発効した沖縄返還協定は、（ⅰ）沖縄にある米軍基地はそのまま維持され、その軍事的機能が低下しないようにすること、（ⅱ）一部縮小される部分は自衛隊により補充され、日本本土について安保条約を手がかりとして日米の相互防衛体制が強化されること、（ⅲ）沖縄に対する米国の施政権は日本国に返還されること、等が主な内容になっていました。その三条は、同協定の発効の日以降も沖縄の基地の継続使用を米国に許すもので、その法的根拠は本土の米軍基地と同様、安保条約六条であることを明らかにしていました。それによって、米国は基地に対する使用権原を失い、日本国からその使用を許される、という法形式をとることになったわけです。

そのため、日本側は、先にもふれましたが、米軍が使用中の土地を軍事基地として引き続き提供するため、五年を暫定使用期間とする「公用地法」（「沖縄における公用地等の暫定使用に関する法律」）を制定しました（一九七一年一二月三一日）。そして、同法による暫定使用の終了に対応して、「地籍明確化法」（「沖縄県の区域内における位置境界不明地域内の各土地の位置境界の明確化等に関する特別措置法」）が制定され（七七年五月一八日）、米軍基地内の地籍不明地の明確化にかこつけて、さらに五年間の強制使用がなされました。さらに、この使用期間が八二年に切れると、それまでほとんど用いられることのなかった、土地収用法の特別法である「駐留軍用地特措法」（「米軍用地収用特措法」。フルネームは、「日本国とアメリカ合衆国との間の相互協力及び安全保障条約第六条に基づく施設及び区域並びに日本国における合衆国軍隊の地位に関する協定の実施に伴う土地等の使用等に関する特別措置法」）が持ち出され、現在に至るまで、同法による強制使用がおこなわれてきたのです。

以上に要約したような経緯で形成された在沖米軍基地は、復帰から現在までの推移を見ると、面積は一九％の減少にとどまっていて、大勢に変動はありません。なお、前記の「銃剣とブルドーザー」の時期以降で沖縄における新規の基地建設はおこなわれていません。このことは、それを県民が拒否し続けてきたことによります。それだけに、政府が普天間基地「移設」に名を借りて辺野古新基地建設を強行していることは重大な問題であるといえます。

④「辺野古問題」の出現——恒久的巨大基地の押しつけ

沖縄の米軍基地は、施政権返還後も、県民の人間の尊厳を否定する害悪を発生し続けてきました。点描するだけですが、一九七三年には、米軍が県道一〇四号線を封鎖して実弾射撃演習を実施。七四年、那覇市小禄で工事中に不発弾が爆発して四人死亡・三四人負傷。同年、在沖米軍基地内における核貯蔵を裏付けるラロック証言。七九年、基地被害が続出。八二年、嘉手納基地の周辺住民が爆音訴訟を提起。八五年、米兵による凶悪事件が続発。八八年、米軍演習による被害が続出、等々が相次ぎました。

そして、一九九五年九月、米兵三名による沖縄の少女に対する暴行事件が惹き起こされ、県民の怒りは爆発して、米軍基地の整理・縮小を求める島ぐるみの闘争へと発展しました。一〇月二一日の県民総決起大会には、本島八万五〇〇〇人、宮古二〇〇〇人、八重山三〇〇〇人が集結しました。本島の会場で女子高校生が、「…いつまでも米兵におびえ、事故におびえ、危険に曝されながら生活を続けていくことは、私はいやです。…私たち生徒、こども、女性に犠牲を強いるのはもうやめてください。…私たち若い世代に新しい沖縄のスタートをさせてほしい。沖縄を本当の意味で平和な島にしてほしいと願います。軍隊のない、悲劇のない、平和な島を返して下さい」と述べた代表あいさつは、人々の総意であったといえます。当時、反戦地主などに対する土地強制使用手続が始まっていて、その代理署名をめぐって逡巡していた大田昌秀知事は、民衆の声に突き上げられてこれを拒否し、米軍用地強制使用手続きは中断するという事態になりました。

そして、こうした動きに圧された日米両政府は、翌一九九六年四月、県民世論を鎮静化させ米軍基地の安定的確保をはかるために、普天間飛行場（普天間基地）を「五～七年以内に返還」すると発表しました。宜野湾市のど真ん中の住宅密集地内に置かれ、市面積の約二四%をも占めるわが国有数の米海兵隊基地で、世界一危険といわれている普天間基地の全面返還の発表は、沖縄の人々を狂喜乱舞させました。しかし、同年一二月のSACO（沖縄に関する特別行動委員会）において、両政府は、全面返還は移設を条件としたものであることを明らかにし、名護市辺野古に代替施設をつくって移設することで合意しました。沖縄の民意を弄ぶような仕方でしたが、ただ、そこで決定された代替施設は、滑走路長一三〇〇mの海上浮体構造で、撤去可能な一時的施設とされていました。しかし、このような海上基地案でも、翌九七年末に名護市で実施された住民投票においては、建設反対が多数でした。

一九九九年には、軍民共用の空港にすること、軍使用に一五年間の期限を付けることを条件に、当時の稲嶺恵一知事が辺野古沿岸への移設を受け入れました。政府は、これを「尊重」するとして、二〇〇二年、埋立てにより滑走路の長さ二〇〇〇ｍの空港をつくる基本計画を策定しましたが、これに県民は強く反対しました。〇四年夏には、普天間基地に移駐していたCH―五三D大型ヘリが、基地に隣接している沖縄国際大学の構内に墜落炎上するという大事故が発生し、移設計画は挫折しました。日米両政府は、事態を打開すべく、〇五年に、辺野古の陸上部分と海上埋立てを組み合わせた軍専用空港案を打ち出しました。一五年使用期限も外し、滑走路を二本に増やしたもので、翌〇六年に合意しました。これが現行案です。

こうして、辺野古新基地案は、巨大化・恒久化・軍事専用化した一大軍事拠点をつくろうとするものに変貌しました。この経過は、日米両政府には沖縄の民意を尊重する意思はなく、とりわけて日本政府が米側の戦略に合わせた軍事的必要にのみ対応して計画を変えてきたことを物語っています。もっとも、二〇〇九年九月に発足した民主党鳩山内閣は、「県外移設に県民の気持ちがひとつならば、最低でも県外の方向で、我々も積極的に行動を起こさなければならない」との意向を公にしました。それにもかかわらず、早くも翌一〇年五月にこれを断念して、日米両政府は移設先を辺野古とする共同声明を発表しました。

そして、二〇一二年一二月の総選挙で自民・公明両党が政権を奪還し、辺野古新基地建設を強行する態勢をつくりました。しかし、沖縄の人々は、新基地を許したのでは沖縄から永久に基地はなくならない、次世代に禍根を残すとして、辺野古新基地反対の民意を表明しつづけ、県内の保守派も含めて「オール沖縄」を誕生させました。こうして、辺野古問題の新しい局面が形成され、現在に至っています。

（2）安保と憲法との両立は不可能

①日本をゆがめる安保条約の体制——旧条約と新（現行）条約

日本、とくに沖縄の政治に厳しい枠をはめているものは、日米安保条約の体制です。この安保体制により、わが国は、完全な独立国家、主権国家であることを妨げられ、平和な国づくりへと進むことができず、また地方自治がゆがめられています。安保条約を終了させ、米国とは真の対等平等の関係を結び直すことこそ、日本国民の平和と自由をもたらす道です。

——こう書くと、それは夢物語、あるいはまったくの少数意見だと受け取られるかも知れません。たしかに、現在の政治の世界では、安保体制の肯定意見が支配的で、それなしに日本は成り立たず、「永遠の公共財」だとまでいう声も聞こえます。しかし、安保体制は早晩終わらせるべきだという意見は、少なくとも一九八〇年代までは支配的で、政党についてみても、自民は別ですが、公明（当時は野党）も含めて、「破棄」「廃棄」「終了」など表現の違いはありましたが、各野党が共有していました。外国との間で、対等でない従属的な軍事的同盟関係をむすんで、外国軍隊を駐留させ自由に振舞わせるような関係を結ぶことは、近代国際社会の道理にそぐわない遺物です。わが国でも、速やかに終了通告をして、歴史の屑籠《くずかご》に投げ棄てるべきものです。このことは、沖縄に即してみたとき、いっそう明らかです。——そのような観点から、安保体制がいかに憲法と相容れないものであるかを考えたいと思います。

日米安保条約の最初のものは、連合国との講和の際に、日本が、講和条約と同時にアメリカとの間でのみ締結した条約です（「日本国とアメリカ合衆国との間の安全保障条約」一九五一年九月八日署名・五二年四月二八日発効。「旧安保条約」）これは、アメリカ軍の日本駐留を認め、他方でアメリカの日本防衛義務は明記せず、また、同条約三条にもとづいて結ばれた、駐留米軍の地位を定める「日米行政協定」は、国会の承認を求めないものでした。これにもとづいて米軍は「占領軍」から「駐留軍」へと肩書きをかえて、プレゼンスを続けたわけです。

この条約が、一九六〇年に、「日本国とアメリカ合衆国との間の相互協力及び安全保障条約」に改定されました（一月一九日署名・六月二三日発効。「新安保条約」）。これが現行安保条約であり、日本有事の際には日米両軍で対処し、また米軍は極東有事の際に行動する、という軍事同盟の性格を強めたものとなりました。しかも、締結後、この条約の運用は、日本も集団的自衛権の行使を容認してグローバルな範囲において共同で軍事対応をするという、条約の規定をも逸脱したものとなっています。同時に、条約はみずから、一方締約国が相手国に終了の意思を通告したとき、一年後に自動的に終了するとの規定をもっています（一〇条）。また、安保条約と同時に、先の行政協定に代わって、六条にもとづいて「日米地位協定」が、今度は条約の形式で締結されました。地位協定は、他国のものと較べても従属性がきわめて強く、問題になりつづけています（詳細は次の（3）の項で述べます）。

②憲法九条に照らした安保条約の違憲性

憲法は、国法体系の中で、主権者国民が直接に決定する最高法規です。それで、憲法に違反した法令は、すべて無効となります（九八条一項）。条約も同様です。では、憲法九条に照らして安保条約はどのような法的評価を受けるべきでしょうか。

旧安保条約の時期の「砂川事件」判決が重要です。米軍が使用する東京都下砂川町の立川飛行場の拡張工事に反対のデモ行進をして基地内に数メートル立ち入った人たちが、同条約三条にもとづく行政協定にともなう刑事特別法に違反したとして起訴された事件です。この刑事特別法をとおして、米軍駐留と旧安保条約の憲法適合性が正面から問われました。第一審東京地方裁判所（一九五九年三月三〇日判決）は、「合衆国軍隊は単にわが国に加えられる武力攻撃に対する防御にのみ使用されるものではなく、合衆国が極東における平和と安全のために必要と判断した際にも出動しうるのであって、わが国が自衛と直接関係のない武力紛争の渦中に巻き込まれる虞《おそれ》がある」、したがって、わが国が米軍の駐留を許容していることは、指揮権の有無、米軍の出動義務の有無にかかわらず、憲法九条の禁じる戦力の保持に該当する、と判断して、被告人を無罪としました。この一審東京地裁の憲法判断は、憲法学説とも一致する妥当なものです。

これに対して、検察側の跳躍上告を受けた最高裁（大法廷一九五九年一二月一六日判決）は、憲法の禁止する戦力とは「わが国がその主体となってこれに指揮権、管理権を行使し得る戦力をいうものであり、結局わが国自体の戦力を指し、外国の軍隊は、たとえそれがわが国に駐留するとしても、ここにいう戦力には該当しない」。また高度の政治性を有する事柄は、「一見極めて明白に違憲無効」であると認められない限り、司法裁判所の審査には原則としてなじまない、とした上で、安保条約がそれにあたるかどうかについては、米軍の駐留は憲法の趣旨に「適合こそすれ」、違憲無効であることが一見極めて明白であるとは「到底」認められない、と判示しました。なお、こうした最高裁判決を導いた政治的背景に、米国側からのあからさまな介入と、日本政府・最高裁判所側がそれを甘受した、双方の事実が、今日では米国の公文書によって明らかとなっています。

しかし、それにもかかわらず、その後の裁判所は、改定された現行安保条約にかかわる事件においても、この旧安保を扱った砂川事件最高裁判決を先例としてこれに倣っています。この点は、沖縄における訴訟についても同様です（第Ⅱ部第三章でくわしく述べます）。

③安保体制の展開・変容と「安保法制」の成立

日米安保条約は、これまでに述べてきたとおり、それ自体が日本国憲法から逸脱したものですが、その内容が、米国の世界戦略の展開に対応して大きく変わってきています。とくに、安保が機能する範囲が拡大され、日本の軍事的関与が強化されているのが特徴です。

安保条約は一九七〇年に一〇年間の固定期限が終了しましたが（条約一〇条）、一九七八年、日米間で「日米防衛協力のための指針」（日米ガイドライン）が合意され、「日本有事」の際には、まずは自衛隊が日本の領域および周辺海空域で対処し、米軍はそれを支援するという役割分担が定められました。「自衛」の範囲の拡張と米軍との一体的運用が図られたわけです。八〇年には、海上自衛隊が米国等の環太平洋合同演習「リムパック」に初参加し、翌八一年政府は、「シーレーン一〇〇〇海里防衛」を表明しています。後の集団的自衛権行使容認に連なる動きです。「極東安保」から「アジア太平洋安保」へと変容したといえます。

安保体制は、一九九〇年代以降、さらに「グローバル安保」への拡大を見せます。九六年の「日米安保共同宣言」を受けた翌九七年の「新ガイドライン」は、「周辺事態」における日米協力を定め、そのための「周辺事態法」（九九年）などがつくられました。二〇〇〇年代に入り米軍を中心とした多国籍軍を自衛隊が後方支援する体制がとられ、それに対応して、「テロ対策特措法」（二〇〇一年）、「イラク復興支援特措法」（〇三年）など一連の特措法が制定されました。さらに、〇三年の「武力攻撃事態等対処法」や翌〇四年の「国民保護法」によって「有事法制」の整備が図られました。

そして、二〇一二年一二月に発足した第二次安倍政権は、「国家安全保障政策」を策定し（一三年）、「積極的平和主義」のスローガンを掲げて、米軍等と連携して平時から戦時まで切れ目なく軍事的に対応することを国家戦略としました。そのうえで、遂に、一四年七月一四日の閣議決定による集団的自衛権の行使容認、それにもとづく翌一五年九月一九日の「安全保障関連諸法」（安保法制）の制定へと進みました。

この「安保法制」は、日本国憲法の平和主義とまったく相容れず、また日米安保条約の改定を経ないまま、本格的な地球規模展開の軍事同盟へと展開させる、数々の危険な要素を含んでいます。そのため、これに対しては、憲法九条や安保・自衛隊についての賛否を超えて、その廃止を求める声が多数で、また、各地で違憲訴訟も提起されています。とくに、米軍基地が集中している沖縄では、米国の戦争に参加するこの法制によって具体的な被害を蒙る危険が高まっており、基地の撤去を求める声を増幅させています。「安保法制」のあり方は、国民の未来を左右する根本的な問題として、深く省察することが求められているといえます（これについてはこの節の（4）でも取り上げます）。

沖縄で憲法九条の実現を求める民衆の層は広く、岩盤のように強いといえます。「憲法への復帰」の旗を引き継いだ沖縄県憲法普及協議会が、復帰後の憲法を守り活かす運動の核となってきて、そして今、基地のない沖縄を目指す「オール沖縄」運動がこれを支えています。それは、二〇一三年一月二八日付で沖縄の全四一自治体の首長・議会議長と主要団体の代表が一致して、（i）オスプレイの配備撤回、（ii）普天間基地の閉鎖・撤去と（iii）県内移設の断念、を首相に要求した『建白書』を共同綱領にした、保革を超えた沖縄らしい統一戦線運動です。ただ、注意すべきは、この『建白書』には「安保」への言及はないことです。沖縄の人々は、さしあたりそれを脇に置いて手を組んでいるわけです。

とはいえ、「県内移設の断念」、すなわち県外移設を要求せず、また辺野古基地建設を拒否して普天間の無条件返還を求めるという点での一致は、政治的にも道義的にもきわめて水準の高いものであり、憲法の理念と深く結びついています。また、日米の「同盟」なるものも、翁長雄志前知事のいう「誇りある」、つまりは対等の関係に変わるべきことが展望されています。

現政権の改憲姿勢は是認せず、そして現行安保体制を無批判に受け容れることはしないという見地が込められているのです。ここには、今の世代が新しい基地を認めたなら子孫に同じ苦しみを味合わせることになるとの、沖縄戦と戦後の苦難の歴史を歩んだ人々の決意が示されているといえます。私は、沖縄の運動は、早晩、必然的に、安保条約の終了を求める道を歩むことになるにちがいないと考えます。

（3）地位協定の抜本改定は不可欠

①日米地位協定の重圧

日本の政治構造の中では、日米安保条約・地位協定が憲法の法体系と並んで存在し、むしろそれが憲法の上にあるのが実態です。沖縄について憲法の再生を考えるとき、日米安保・地位協定の体制が、わが国全体にとって問題であることにもまして、格段に大きな障碍となっています。とりわけ、米軍に実質的に治外法権的な特権を付与している地位協定は、日々沖縄の人々を苦しめており、その抜本的改定が緊急の課題です。

日米地位協定（「日本国とアメリカ合衆国との間の相互協力及び安全保障条約〔日米安保条約〕第六条に基づく基地並びに日本国における合衆国軍隊の地位に関する協定」一九六〇年一月一九日署名・同年六月二三日発効）は、旧日米安保条約とともに発効した「行政協定」を基本的に引き継いだ条約であり、沖縄には七二年の施政権返還時以降、適用されています。この地位協定が、米軍基地の提供の仕方、駐留米軍・米兵等の地位および米軍基地の管理運用などを定めることで、米軍基地にかんする法体系の基軸をなしています。その内容は、すぐ後に説明しますが、米軍の特権を過度に認めて日本の地位を貶《おとし》めているものであり、その従属ぶりは他国と米国との間の同種の協定と比べても際立っています。そのため、米軍・米軍人による事件・事故が絶えることのない状況が生じているわけですが、締結後の約六〇年間、沖縄県民による度重なる改定要求にもかかわらず、部分的なものも含めこれまで一度も改定されていません。

②米軍の特権を生む構造

地位協定では、国内法（日本法令）の米軍への適用が基本的に排除されており、憲法の下にある法令に代えて、地位協定の下位法として数々の「特例法」が制定されています。例えば、わが国領空を飛行する航空機は航空法による規制を受けますが、米軍には適用されません。航空法特例法（「日本国とアメリカ合衆国との間の相互協力及び安全保障条約第六条に基づく施設及び区域並びに日本国における合衆国軍隊の地位に関する協定の実施に伴う航空法の特例に関する法律」）がつくられていて、米軍機は、低空飛行もおかまいなく、また、基地周辺地域の建造物の高さ制限やクリアゾーン規制も免れています。加えて、米軍人・軍属には、数々の特権が与えられ、それが彼らの傍若無人の行動を野放しにし、凶悪犯罪を含む事件事故の温床になっているわけです（この点は、後にもふれます）。

そして、地位協定の実施・運用の「すべての事項」を協議する機関として、「日米合同委員会」が設けられています。日本側六名、米側は軍人ばかりの七名で、米側が、最終決定権を握っています。この委員会のおこなった取り決めは両国を拘束するものとされ、国会の上に立つ機関となっています。沖縄県の前知事翁長雄志氏は、県議会における答弁でこれにふれ、「日米地位協定がある意味で憲法の上にあって、それから日米合同委員会が国会の上にある。ある意味では日米安全保障体制が司法の上にあるという意味からして、すべて日本の権限の上にある」と述べたことがありましたが、そのとおりの実態なのです。しかも、この委員会は、原則として公開されず、また、公表されることのない大量の密約を取り交わしています（「密約製造マシーン」と呼ばれています）。私たち主権者国民に知らされないまま、日本を拘束する決定がなされているわけです。

こうして、在日米軍には、安保条約・地位協定とそれにもとづいて設けられた制度によって、実質的に治外法権が認められているといえます。この状態をもたらしたのは、何より、政府の対米従属姿勢にほかなりません。また、司法も、とくに最高裁が、不当にも、安保条約について違憲審査を放棄することでそれを肯認してしまっています（砂川事件最高裁大法廷判決〔一九五九年一二月一六日〕）。今こそ、安保・地位協定がわが国法体系の頂点にある体制を改めなければなりません。地位協定の抜本改定は急務であり、さらに、安保条約一〇条にもとづいて終了させることが求められています。もっとも、今日では国民は安保体制を許しています。しかし、「日米同盟」の実態が、人々の生命と人間の尊厳を脅かすものとなっている実態を知るとき、必ずや、日本国民の多数が、この従属の軍事的関係のくびきを取り払い、日米を対等の平和的関係に替えるという展望をもつことになると思います。

③米軍基地建設に制約なし――「全土基地方式」

地位協定の二条が、「米国は、日米安保条約六条の規定に基づき、日本国内の施設及び区域の使用を許される」（一項（a））と定めているのは、重大な意味をもっています。施設とは土地・建物など、区域とは空域・水域を指しますが、要するに軍事基地のことを言い換えたことばです。この米軍基地の設置には地理的制約は付けられておらず、外務省作成の機密文書『日米地位協定の考え方』（一九七三年四月）には、「米側は、我が国の施政下にある領域内であればどこにでも施設・区域の提供を求める権利が認められている」と記されています。つまり、米側に、日本国内のどこにでも基地を置く特権を認めたもので、この第二条は、日米地位協定のもっとも本質的な内容を成す条項のひとつだといえます。

「全土基地方式」と呼ばれますが、米国の他の同盟国との間の協定にも例がなく、日米地位協定の極め付きの従属性がここにも示されています。これは、講和と旧安保条約の締結の時に遡るのですが、米側で中心的な役割を果たしていた、当時国務省顧問のジョン・F・ダレスは、米国が「日本国内の望む場所に、望む期間、望む数の軍隊を駐留できる権利」を要求しました。日本側はそれを受け容れて旧安保条約下の行政協定ができ、それが今の地位協定二条一項となっているわけです。

これによって、日本には、米軍専用基地が七八（日米共同使用の自衛隊基地を含めれば一二八）存在し、訓練区域として二三の空域と四六の水域が提供されています（数字は、二〇一七年三月現在）。そして、今、沖縄の辺野古基地の建設が、県民の明瞭な反対の意思を無視して強行されていますが、これも、地位協定二条を盾にしたものです。また、これまで米軍基地のなかった京都府における京丹後市経ヶ岬へのXバンド・レーダーの建設も同様です。こうして、米軍は、地理的制約なしに、日本国内において施設・区域の提供を要求する権限をもっているわけです。

④日本法を排除する構造——「排他的管理権」

米軍の特権を生み出している日米地位協定の構造の根本にあるものが、米側の「排他的管理権」です。つまり、日本の法令を米軍には適用しないことが、基本的原理となっています。それを示す明瞭で総論的な規定は、三条一項です。すなわち、「合衆国は、施設及び区域内において、それらの設定、運営、警護及び管理のため必要なすべての措置を執ることができる」と定めています。これは、日本の統治権に優位する絶対的な管理権を米軍に付与したものと解されており、そのため、米軍基地内には日本の国内法は適用されず、米軍の完全な自由使用が罷《まか》り通っているのです。たとえば、日本側に航空管制権はなく、日本の警察権は基地内には及ばず、政府・自治体による立入りも拒否され、また、先にふれたように、航空法の適用も排除されています。したがってまた、そこには地元の自治体が定めたルールに従うという観点などは、微塵《みじん》も存在していません。

この三条をはじめとして、たとえば、基地返還時の原状回復義務・補償義務を免除した四条一項、日本国内における移動の自由・公の船舶航空機の出入国の自由・基地への出入りの自由を保障した五条一項・二項、軍構成員等の出入国について日本法令の適用を免除した九条二項、調達にかんして租税（物品税、通行税、揮発油税、電気ガス税）を免除した一二条三項、軍属の雇用条件にかんする国内法排除を定めた同条七項、米軍への租税・公課を免除した一三条一項・二項、および、海軍販売所・ＰＸ・食堂・社交クラブ・劇場・新聞等諸機関への日本の規制を禁じた一五条一項ａなど、国内法の適用を排除する規定で溢れています。

なお、一六条は、日本法令の尊重義務を定めていますが（「日本国においては、日本国の法令を尊重し、及びこの協定の精神に反する活動、特に政治的活動を慎むことは、合衆国軍隊の構成員及び軍属並びにそれらの家族の義務である」）、これは、日本法令の不適用を前提とした政治的・道義的尊重義務にとどまります。かえって、日本法令を遮断する宣言となっているわけです。まさに、米軍基地は、日本国内に置かれた施設でありながら、治外法権同様の状態がつくり出されているのです。

そして、刑事裁判権については、地位協定一七条が、米兵が「公務中」に事件を起こした場合は米側に、「公務外」の場合は日本側に第一次裁判権があると定めています。しかし、現実には米兵が日本の裁判所で裁かれることはわずかなケースにとどまっており、また被疑者の身柄が米側にある場合、日本側が起訴するまでその身柄は米側に置かれます。ひとたび犯人が基地に逃げ帰ってしまえば、日本の警察は捜査ができないのです。さらに、米側は、「公務中」の範囲を拡大解釈することで米側裁判権を最大化しようとしてきました。米側がひとたび「公務中」だと言えば日本側で裁かれることはまずない、というのが実態です。自国の領域内で起きた犯罪に対する裁判権の行使は国家主権の核心をなすものであるにもかかわらず、日米地位協定の実態はそれに背いています。これでは、米兵犯罪は根絶されようもありません。

民事裁判権については、一八条に定められていて、「公務中」に米軍が住民など第三者に損害を与えた場合は、損害を受けた人は日本政府を相手にして訴訟をします。ただし、費用負担については、米軍にのみ責任がある場合でも、米国側は損害額の七五％のみ負担し、二五％は日本側の負担で（同条五項（e）（i））、その他の場合は日米が均等に負担することになっています。細部においても、従属的な不平等構造が貫かれているわけです。「公務外」での不法行為については、米軍人の個人責任とされていますが、多くは二〇歳前後の米軍兵士に賠償をすることのできる財力はなく、多くは「逃げ得」で、とくに米国に帰ってしまえば実際に追求が困難となります。

――これらの重大な数々の問題は、日米地位協定が直ちに根本的に改められるべきことが避けられないものであることを告げています。政府のいう「運用改善」では何も「改善」されておらず、地位協定自体の抜本改定と密約の破棄が求められるゆえんです。そして、それは、安保条約そのものの廃棄につながるものといわなければなりません。

⑤ドイツ・イタリアとの比較

こうした日米地位協定のもつ不対等性は、他に例を見ないもので、第二次大戦における日本と同様の敗戦国であるドイツ・イタリアと比較しても明瞭です。二〇一七年九月の沖縄県による調査（報告書は二〇一九年三月）に拠って、要点を取り出しておきます。

○ドイツ（ボン補足協定・一九九三年大幅改定）

（i）米軍による施設区域の使用や訓練・演習に対してドイツ法令が適用されることを明記しています。

（ii）連邦・州・自治体の立入り権を明記し、緊急の場合や危険が差し迫っている場合には事前通告なしで立ち入ることができるとしています。

（iii）米軍がおこなう訓練・演習は、ドイツ側の許可・承認・同意等が必要とされます。

（iv）ドイツ警察による提供施設・区域内での任務遂行権限が明記されています。

○イタリア（モデル実務取極・一九九九年現在）

（i）米軍の訓練・行動等に対するイタリア法規の遵守義務を明記しています。

（ii）米軍が使用する基地もイタリア軍司令部の下に置かれ、イタリア軍司令官は基地のすべての区域にいかなる制約も受けずに自由に立ち入ることができます。

（iii）米軍による訓練行動等はイタリア軍司令官に事前通告し、イタリア側による調整・承認を要することを明記しています（ロープウエイ切断事故をきっかけに、大幅に規制を強化しました）。

（iv）イタリア軍司令官が、基地内のすべての区域・施設に立ち入る権限をもつことを明記しています。

――これらの比較からだけでも、日米地位協定の従属性は放置できず、将来の廃棄を展望しつつ、まずもってこれを対等なものへと改定することは避けられない課題だといえます。

⑥地位協定の抜本的改定の要求が広がる

こうした状況下で、日米地位協定の抜本改定を求める声が急速に広まっていることに注目しておきたいと思います。

二〇一八年、国会の野党各党は、前年末沖縄で相次いだ米軍機事故（緑ヶ丘保育園に米軍機の部品が、また普天間第二小学校に米軍機の窓が、それぞれ落下）を受けて、改定を要求することで一致しました。とくに、同じ年の七月二七日に、全国知事会が『米軍基地負担に関する提言』を全会一致で決議し、「日米地位協定を抜本的に直し、航空法や環境法令などの国内法を原則として米軍にも適用させることや、事件・事故時の自治体職員の迅速かつ円滑な立入の保障などを明記すること」を求めたことは重要です。

こうした決議は、実は沖縄の知事から毎年提案されていたものでした。ところが必ずそこでかえってくるのは、外交・防衛、基地の問題、また地位協定の問題は「国の専管事項」であって、地方は容喙《ようかい》できないとの、他の知事からの反論でした。しかし、住民の人権と福祉に関係することについては地方自治体が発言することは当然で、当然以上にそれが自治体の存在意義です。沖縄からの道理ある提起がここで実り、全国知事会は専管事項論と訣別したわけです。これは、今後大きな意味をもつものとなると思います。

こうした抜本改定を求めていくことと並んで、現在の地位協定に対峙する手立てとして、条例がとくに注目されます。それについては、のちに項を改めて述べます（第二章2）。

（4）非立憲立法としての「安保法制」

先にこの節の（2）③で、「安保法制」が憲法と相容れない重大な問題をもつことをふれておきましたが、補充して論じておきたいと思います。

「安保法制」の違憲性は、まず、九条への違背において顕著です。この法制は、自衛隊法や武力攻撃事態法など一〇個の法律の改正と、自衛隊の海外派遣を常時可能にする「国際平和支援法」という名称の一個の新法を束ねたものですが、その核心は、集団的自衛権を支柱にして、自衛隊が時の政府の判断により米軍などとともに海外で武力行使ができるようにしたところにあります。これは、武力行使を放棄した九条一項に違反するものであり、また戦争に参加する自衛隊は九条二項が禁じた「戦力」そのものとなり、さらに戦争への参加は、同項が否認した「交戦権」の行使にあたります。加えて、前文がすべての国民に保障した平和的生存権を侵害するものでもあって、憲法の平和主義は根底から否定されることになります。

また、「安保法制」は、民主主義にも反しています。長年、政府みずから否認してきた集団的自衛権の行使を容認へと転換するとき、それを閣議決定で強行したのは、主権者国民とその代表機関である国会をないがしろにするもので、国民主権や議院内閣制の原理を意に介さないものといわなければなりません。また、自衛隊の活動を国民代表議会が統制する仕組みは民主主義の要請するところですが、この法制の一一個の法のうち、国会の事前承認の制度を置いているのは一つにすぎません。しかも、国会に提供される情報には、「特定秘密保護法」のベールがかぶされています。加えて、この法案の審議過程では、提案者側の説明が不十分なまま採決が強行されるなど、議会制民主主義のルールに反する運営がくりかえされたのです。

そして何より、「安保法制」には、立憲主義侵犯がそれ独自のものとして鮮やかに立ち現われており、それを土台にして、平和主義侵害・民主主義侵害という違憲問題が惹き起こされているといえます。それゆえにまた、この法制を正当化しようとする政府解釈も、通常一般の目的論的解釈の枠をあからさまに逸脱した恣意的なものでした。

すなわち、二〇一四年の七・一閣議決定が、集団的自衛権にかんしその行使は容認されないとする、六十余年にわたって政府みずからが保持し、政治実例の中に具体化され、憲法慣習たる規範にまでいわば昇格し、九条の骨肉と化していた有権解釈を、一気に容認へと転じさせたのです。政府側は、この解釈転換を正当化する論拠として、一九五九年の砂川事件最高裁判決と七二年の政府見解を持ち出すのですが、それは、牽強付会の極みと評されても致し方ないものでした。

つまり、この閣議決定は、一九七二年政府見解（一〇月一四日、参議院決算委員会）が、「他国に加えられた武力攻撃を阻止することをその内容とするいわゆる集団的自衛権の行使は、憲法上許されないといわざるを得ない」としていたのを、「我が国に対する武力攻撃が発生した場合のみならず、我が国と密接な関係にある他国に対する武力攻撃が発生し、これにより我が国の存立が脅かされ、国民の生命、自由及び幸福追求の権利が根底から覆される明白な危険がある場合において、これを排除し、我が国の存立を全うし、国民を守るために他の適当な手段がないときに、必要最小限度の実力を行使することは、従来の政府見解の基本的な論理に基づく自衛のための措置として、憲法上許容される」と逆転させたものでした。しかし、個別的自衛権しか許されないとした論旨を用いて集団的自衛権の行使を容認するための論拠とすることは、できようはずもない操作です。結局、閣議決定の論理は、およそ憲法解釈といえる類のものではなく、立憲主義それ自体を破砕したものといわざるをえないのです。

そして、この、集団的自衛権行使が可能となった軍事体制を憲法典に組み込むための改憲が、現在安倍政権によって提起されています。「安保法制」は、すでに運用されていますが、これを押しとどめ、廃止して、憲法を救い出さなければなりません。

2　安保・地位協定と条例で対峙する——宜野湾市民による請願運動の事例から

（1）米軍規制＝住民保護条例の必要性

①住民保護条例提唱の契機

これまでに述べてきたように、沖縄には、一九七二年五月一五日に、ようやく日本国憲法が適用されることになったわけですが、しかしそれは、県民の望んだ平和憲法の享受を実現させたものではなく、日米安保体制に組み込まれ、引き続き米軍基地の重圧に苦しむことを意味しました。この状況は今日まで基本的に変わることなく、むしろ苛酷にさえなったといえます。

基地に起因する事件・事故は絶えることなく、県民の生命と人間の尊厳を脅かし続けているのです。

問題の根源は、安保体制、すなわち、米軍・軍人に特権を不当に付与している日米安保条約・地位協定のもとで米軍基地が存在していることにあります。外国軍基地は治外法権ではないにもかかわらず、米軍基地に対しては、日米地位協定によって、日本法令の適用が原則として排除されて、実質的に治外法権の状況になっています。この日本政府の姿勢こそ、米軍・米軍人が事件・事故を起こしても恬《てん》として恥じない状況をもたらしているのです。地位協定のこうした点を抜本的に改定することは、人々の積年の要求なのですが、政府は、一貫して、改定を米側に働きかけようとせず、「再発防止」「綱紀粛正」を唱えるのみの、極端な従属姿勢を保ち続けているのです。

そうであるならば、地方自治体が、政府（国）が地位協定において放擲《ほうてき》した法令に替えて、地方政府の法＝条例によって米軍・米軍人に対して必要な規制をおこない、もって住民の生命と人権の保護にあたることが不可欠となります。――このように考えるに至った具体的契機を記しておきます。

その契機となったのは、とくに、二〇一六年四月に元海兵隊員が惹き起こした二〇歳の沖縄女性に対する暴行致死遺棄事件です。全島を震撼《しんかん》させたこれほどの惨事に直面してさえ、日本政府は、「再発防止」の弁明に終始し、地位協定の改定など抜本解決に乗り出そうとはせず、米側に立ち向かって県民を保護しようとする意思も能力もないことを露呈しました。これに対する県民の怒りは天を衝き、同年六月一九日に六万五〇〇〇人の県民集会となりましたが、そこにおいて翁長雄志知事（当時）は、県民の生命と尊厳を守るのは県の責務であると述べました。これは、もはや国＝現政権は頼るに足らずとの認識を示したものでもありました。

これを県民集会の参加者の一人として聴いた私は、沖縄県民である法律家として、法的手立てについて考えようとしました。その産物が住民保護条例の提唱です。もとより、これまでにも米軍・米軍人の横暴から住民を守ろうとする自治体の努力は、営々として続けられていきます。つまり、米軍人・軍属とその家族の基地外での行動に対して、自治体が市民に対すると同様の規制をおこなう必要性は痛感されており、その可能性が追求されてきました。ただ、日本法令の適用を排除する日米地位協定が絶対的障壁であると考えられて、県・市町村のいずれの自治体でも米軍規制を内容とする条例はつくられてこなかったのです。

しかし、憲法の原点に立ち還るとき、自治体がその存在根拠とする住民の人権・福祉確保のために、それに資する施策をみずから講じるとともに、またそれに反する国の施策についてはそれに抵抗することは当然で、それこそが本来の使命であるといわなければなりません。自治体には、米軍を規制して住民を保護する条例の制定が強く望まれるのです。――こうした趣旨の「住民保護条例」の提唱に対して、安保・地位協定に地方自治体の条例で対抗しようという発想は斬新で正道ではあっても、その実現はとてつもなく困難なのではないか等の意見も出されました。ただ、それでもこの難題に立ち向かって住民保護条例をぜひ実現させたいとする点で、人々の反響は共通していました。

それを受けて、私の住む宜野湾市などでは、市民（市議有志を含む）による学習が進められました。そうしたところ、とりわけて二〇一七年以降、米軍機の墜落・部品の落下という、住民の生命の危機につながる事故が多発する異常事態が生じました。そのため、米軍機の横暴を規制し、住民の生命をいかにして保護するかが喫緊の要請となり、住民保護条例の具体化の第一課題として、「平和な空を守る条例」の制定に取り組むに至ったのです。――ここにいう「平和な空」とは、《輝く太陽に青い空、そして雨以外に何も落ちてこない空》《住民の心を照らす陽の光と大地に恵みをもたらす慈雨のほかは何も落ちてこない空》を意味します。それは、空の本来の姿であり、これを享受することは、すべての人の基本的権利に属するものであるといえます。

②「平和な空を守る条例」制定の緊要性

米軍機は、普天間基地所属のものに限っても、本土復帰から二〇一八年二月末までに一三五回の事故を起こしており、年平均にすれば二・九回に及びます（数字は、宜野湾市基地政策部二〇一八年三月刊行の広報冊子に拠ります）。とくに最近では、二〇一六年一二月一三日、MV二二オスプレイが名護市安部集落の海岸に墜落・大破した事故以降、一八年二月末までに実に一六件を数えます。まさに異常事態です。

その中で、二〇一七年一〇月一一日に、東村高江の民間牧草地でCH五三E大型輸送ヘリが緊急着陸・炎上しましたが、同型機が、同年一二月七日、宜野湾市野嵩の緑ヶ丘保育園に部品

(円筒)を、つづけて同月一三日、同市新城の普天間第二小学校グラウンドに窓(約一m四方、七・七kg)を落下させました。普二小の場合、窓の落下地点から一〇mのところで体育の授業がおこなわれており、あわや大惨事となるところでした。市長・市議会は強く抗議をしましたが、米軍は、今も同校上空の飛行をやめませんでした。学校は、一か月余にわたって児童の運動場使用を禁止し、沖縄防衛局から派遣された監視員七名が米軍機接近時に児童を退避させるなどという、戦時下のような措置もとられました。子どもたちの生き、学び、遊ぶ権利が実現されるはずの、楽しかるべき学び舎が奪われた非常事態だというほかありません。そして、それはとりもなおさず、すべての市民の生命と人間の尊厳が侵害されていることを意味するものです。

そうであるとすれば、このような、米軍が惹き起している侵害に抗して、平和な空を取り戻し、市民を保護するために、実効力ある措置を速やかに講じなければなりません。そして、自治体の条例制定こそ、この実効的な措置の有力な一選択肢であるといえます。

なお、ここでは、宜野湾市という特定の自治体に即して論じていますが、もとより、平和な空の下で生きる権利はあらゆる自治体の住民が有しており、平和な空が普遍的なものであることはいうまでもありません。自治体条例であるから、形式上その適用対象はその自治体の上空となるという事情があるにすぎません。いずれの自治体であれ、条件の整ったところが率先して実現に向かい、ひきつづきそれが拡大して全空域に普遍化することが待たれます。

(2)「条例」で平和な空を守る

①条例は憲法で保障された自治体の「基軸法」

米軍が空から危害をもたらした場合、沖縄の住民また首長と議会は、すでに、間髪を入れず抗議し、要請や嘆願をしてきました。それにまた屋上屋を重ねようとするのかという声もあり、しかも、条例は合議体の議会がつくる法であるだけに時間がかかります。それでもなお、なぜ条例の制定に意義を見出そうとするのか、論じておきたいと思います。

日本国憲法は、明治憲法の中央集権＝官治行政を排して「地方自治」を憲法上の原則にしました（第八章）。地域ごとに、住民を主権者とする地方自治体がつくられ、自治体は地方における政府として、中央の政府から自立して立法・行政・財政などに及ぶ統治権能をもちます。そこでは、首長・議会議員ともに住民から直接に公選され（二元代表制）、とくに合議制の議会は、「議事機関」と明記されて（九四条）、格別の地位を与えられています。条例は、そのような議会の作品であるところから、国民代表議会としての国会の作品である法律に匹敵する民主主義的価値をもちます。それで、議会のつくる条例こそ、自治体のもつさまざまな形式の法の中で基軸をなす、最強の法規範だと言って差し支えないといえます。

とくに、地方自治法の一九九九年大改正（「新地方自治法」とまで称されています）によって国と地方のあり方が、上下・主従から対等・協力の関係に改められていることは重要です。従来、条例は、機関委任事務については制定できなかったのですが、その廃止で設けられた法定受託事務について可能となりました。すなわち、条例の対象は、「地域における事務及びその他の事務で法律又はこれに基づく政令により処理することとされるもの」（同法二条二項）すべてに及ぶこととなったのです。こうしてみれば、今日、自治体が住民の権利保護のための条例を制定することは、法令との関係では、何ら本質的な障碍はないといえます。

それだけに、条例によって、自治体としての統一的で揺るぎのない規範的意思を表明することができます。条例の定めに自治体の首長・議会は拘束され、導かれて行動することになります。米軍や日本政府に対して抗議・要請しても相手が応じないとき、首長・議会は、この条例にもとづいて繰り返して抗議等をおこない、また、新規の有効な行動を工夫することになるでしょう。一方、住民は、この条例をひとつの行動指針として、首長・議会の呼びかけに応えて立ち上がることになります。このようにして首長・議会、住民が一丸となった行動が展開されることが見込まれます。これは、条例ならばこそ発揮しうる効能であるといえます。

付言するなら、横暴きわまる米軍も、近代法の普遍的原理としての法の支配には従うはずですから、沖縄の自治体が、基軸法である条例をもちだして、住民と議会・首長がこぞって無法な飛行への抗議の意思表明を始めたとき、それには襟を正さざるをえないのです。もしそうでなければ、米軍、ひいては米国は近代国際社会の一員たる資格を失うことになりましょう。

②平和な空を求める住民・自治体の努力を条例で支える

沖縄の住民と自治体は、復帰の後も、米軍基地に起因する事件・事故、環境破壊から生命を守り人間の尊厳を確保するために絶え間のない努力を重ねてきました。このたびの米軍の不法行為による空のじゅうりんに対しても、黙過することなくただちに動きました。宜野湾市の場合、緑ヶ丘保育園の皆さんによる署名にもとづく熱心な「嘆願」行動が開始され、賛同署名は一三万筆余にも達しています。市の側では、事故の月の二〇一七年一二月に市長による「抗議・要請」（八日、一五日）、市内九団体の「抗議・要請書」（二八日）が出され、また、市議会は「抗議決議」と「意見書」を全会一致で決議しています（一五日）。この抗議や要請において、市長、市議会とも共通して、普天間基地の閉鎖返還・五年以内の運用停止、原因究明とそれまでの飛行停止という本質的問題を提示し、さらに市議会は、地位協定の抜本改定を主張しています。

しかし、米軍はこれらを一顧だにせず無法な飛行を続け、日本政府も沖縄側に立った対応をしないまま、「再発防止につとめる」などの、県民には「何百回聞かされたか知れない」空言を繰り返すのみです。ここにおいて、どうしても、憲法にもとづいた実効力のある手段を繰り出し、これまで積み重ねられてきた市民と市の努力を実らせなければならないことが明瞭となっています。条例の制定は、不可欠な、その工夫のひとつであるといえます。

③条例で自治体全体を結束させるための議会の役割

先行の嘆願や抗議・要請などの努力を大切にしつつ、それを実らせるためになされる「平和な空を守る条例」の制定の主体は、自治体議会です。条例制定の請願運動には、議会が本来の役割を果たすことへの期待が込められています。

すなわち、本来、自治体議会は住民を代表する立法機関として、条例については、住民の要求を待たなくとも自発的に制定しようとすべきです。しかし、現実には、一般的に見られる通弊ですが、自治体議会はこの点で積極性に欠けているといわざるをえません。つまり、条例は議会の作品であるにもかかわらず、首長の提案によるものがほとんどであり、議会が発案し立法過程のすべてを担ったものは、議会基本条例の他には見当たらないという事例もあります。そうしたことから、住民がこの条例の制定を求めることは、議会に、本来の役割の再認識を促し、その活性化に資するきっかけともなりえましょう。

同時に、沖縄の自治体と住民が平和のとりくみで結束することが可能であるのは、歴史を背景にしていることを重視したいと思います。米軍占領下、そして復帰後も引き続く軍事的重圧に抗して、自治体は平和と住民の生命を守る努力を重ねてきました。もとより、とくに首長の場合、基地に対する姿勢は自治体ごとに大きく異なっていますが、それでも自治体が抱える米軍基地の返還を求めるという方針をとる点では共通しています。たとえば、首長が辺野古新基地建設への賛否を明らかにしないまま政府と歩調を合わせている宜野湾市の場合でも、市民へのつぎのような市長の公約がみられます。すなわち、二〇一八年版の広報冊子（宜野湾市基地政策部、一八年三月刊行）の序文において、「あらゆる方策を講じ、宜野湾市民が強く望む普天間飛行場の一日も早い返還と、五年以内の運用停止（一九年二月まで）をはじめとする返還までの間の危険性除去及び基地負担軽減の確実な実現を求めてまいります」と述べられていま す。市民の民意の強さが市長にこのように言わせているのであり、ここに、市長・市議会、市民を挙げて米軍の横暴に対して結束する条例の制定に向かう条件があると考えます。

（３）市民の「請願」で条例制定を求める

①憲法上の基本権としての「請願権」

「請願」とは、国または地方自治体のすべての機関に対して、その職務にかんする事項について、希望・苦情・要請等を申し出ることをいい、それは憲法上の権利として保障されています（憲法一六条は、「何人も、損害の救済、公務員の罷免、法律、命令又は規則の制定、廃止又は改正その他の事項に関し、平穏に請願する権利を有し、何人も、かかる請願をしたためにいかなる差別待遇も受けない」と定めています）。その下で、請願法が請願権行使の手続きを定め、また国会法（七九～八二条）、衆議院規則（一七一～一八〇条）、参議院規則（一六二～一七二条）が請願の受理や処理の手続についてよりくわしい規定を置き、そして自治体にかんしては地方自治法（一二四～一二五条）に定めがあります。今回の条例制定の運動は、この請願権を行使する運動です。

請願は、国民が政治参加を保障されていなかった専制の時代には、民意を君主に伝えるためのほとんど唯一の権利として重要な意味をもっていました。現代においても、請願権は、国政に国民の意思を反映させ、代表民主制を国民のために働かせるという参政権的機能をもつと評価することができます。とくに近時、この権利は、国民・住民の側から法律や条例の制定を求めてなされる立法運動にとって、重要な役割を果たしています。

戦前、天皇主権の明治憲法でも、「臣民ノ権利」のひとつとして「請願ヲ為スコト」が認められていましたが（三〇条）、「相当ノ敬礼ヲ守リ」といった条件が付され、「別ニ定ムル所ノ規程ニ従ヒ」と、法律以下の形式の法規範に詳細をゆだねていました。憲法条文自体が請願の古典的性格を反映した規定の仕方であり、とくにわが国の場合、その本質は、天皇が君主としての仁愛の心をもって臣民の考えを知り、民情に通じようとするための制度であったといえます。実際にも、請願をきびしく制限する運用がなされました。

これと異なり、日本国憲法では、「平穏に請願する権利」を無条件で保障し、請願をしたために差別待遇を受けることはないと定めて、憲法上の権利としての位置づけを明確にしています。請願の対象も、損害の救済、公務員の罷免、法律・命令・規則など条例を含む法の制定・廃止・改正など「その他の事項」とされ、誰もが、広く国や自治体の諸機関に対して、その職務権限に属するあらゆる事項について意見や要求を出すことができます。「請願」という表現でありながらも、政治に参加する国民・住民の権利としての性格は明確であるわけです。

こうして、今日の請願権は、重要な憲法上の法的権利であり、それにふさわしい取り扱いを受けます。手続上、請願は文書で提出することが求められますが、適法な請願を受けた官公署は、それを「受理し、誠実に処理しなければならない」のです（請願法五条）。もっとも、この誠実処理義務の内容は一義的には明確でなく、請願を受理した官庁の判断に任せられていることも少なくありません。しかしながら、請願権が憲法上の基本権であることを重視して、受理官庁には内容のともなった審査をおこない、その結果を報告することが義務付けられると解すべきです。

今般の条例制定請願の名宛人は宜野湾市議会ですが、市の定める手続でも、請願を、官公署側が何らの法的義務を負わない陳情等と明確に区別しています。また、請願については、市議会が審査に入るに際して、公聴会を開く慣例が確立しており、それは、「誠実に処理」するひとつの形態であるといえます。このような手続をとおして請願に込められた民意が尊重され、実現することが望まれるのです。

②沖縄史における請願権行使の先行例——宮古島人頭税廃止運動

民衆による請願権の行使とその見事な成就の先行例が、明治憲法制定直後の時期に、宮古島においてみられます。

一八七九年の廃琉置県後も、明治政府は、沖縄に対しては旧慣温存策を採り、とくに、宮古・八重山については琉球王朝以来の収奪税制である人頭税が存続し、民衆は困窮を強いられ続けました。宮古の農民はその廃止を求めて起ち上がり、島役所への「懇願」、沖縄県庁への「哀願」を重ねましたが斥けられ、遂に一八九三年、帝国議会への請願に及び、苦心惨憺《さんたん》の努力の末、それが実って、一九〇三年に人頭税は廃止されるに至りました。一八八九年制定の明治憲法も、遅れたものでありながら請願権を保障しており、人々はそれに依拠したのです。

もっとも、宮古島の人々の中にこうした請願権への認識がどのようにして育ったのかは、私には遺憾ながら不明ですが、当時、明治憲法上の請願制度を具体化する規程は制定されておらず、請願は、憲法と同時に制定されていた議院法にもとづいて、帝国議会への請願となりました。いずれにせよ、島の人々が請願を成功させた史実は、今日の私たちを大きく励ますものです。

③市民による請願運動

請願書を提出するには、手続上、（i）「請願者」（市民）と（ii）「紹介議員」（市議会議員）とを、それぞれ一名以上準備すれば足ります。しかし、実際にそれを成就するには、（iii）市内外からできるだけ多数の賛同者・協力団体を募ることが必要であり、さらに、（iv）市長の賛同が事実上不可欠です。

請願者となる市民は、署名によって募りますが、人口一〇万に近い宜野湾市の場合、万を数えるものが求められます。そして、市会議員の全員が紹介議員となることが目指されます。そのことはまた、市長の賛同を得ることにもつながります。このように議員全員と首長の賛同を求める市民の努力は、市が将来にわたって、一体となって米軍の不法行為から市民を守る姿勢をとるよう促すことになります。

この請願運動は、市民、つまり素人による不慣れな、手弁当の運動です。また、運動の参加者個々人は、もとよりそれぞれの思想信条をもちますが、運動としては、政治的に無色です。運動の時期に、図らずも市議選が重なりましたが、今般の請願運動とはまったく無縁です。

なお、市民が条例制定を求める法的な方法には、請願のほかに、条例制定の直接請求（地方自治法一二条、七四条）があります。制定を望む条例案を先につくり、それを有権者の五〇分の一以上の署名で議会に請求します。直接民主主義の原理にもとづく重要な制度であり、請願と両立しうるものですが、今般は、もっぱら宜野湾の政治状況を考慮して、市民の請願で条例制定を市議会に促す方法が、より適切であると判断し、それを選択しました。

（4）条例制定請願の基本方針、盛るべき内容、成就への課題

①請願にあたってとくに心がけたのは基本的な考え方

請願にあたってとくに心がけたのは、次の諸点です。

まず、必ず請願が採択され、条例制定が成就するよう全力を尽くすことを第一義とすることです。すなわち、平和な空を守るための条例の制定運動は、どのような結果をもたらすにしても、自治体の将来に対して責任を負っています。このことをたえず自覚していなければならないと考えます。

ついで、条例の内容は、市議会と市長双方が賛同できるようなものにすることです。条例制定は議会の権限ですが、実情においては、市長が大きな役割を果たしています。議会としての一体化、そして議会と市長の結束が不可欠です。それを可能とする内容にしなければなりません。

また、市議会・市長と市民の協力関係をつくること、ただし、その際、市民の自由な判断を必ず保障することです。条例が制定されれば市当局（市長、市議会）は、それに拘束され、条

例に従って一致した行動をとらなければなりません。市民は、市から行動を呼びかけられた場合、それにどう応えるかは、あくまで個々の市民の自由な判断によります。条例はそれを拘束することはできません。条例という法規をつくるにあたっての重要点であると考えます。

さらに、条例の内容は謙抑的なものとすることにつとめ、現行法令の範囲内で可能な行動を盛り込むことです。「腹六分目」(翁長知事〔当時〕の言を借用。「八分目」ではまだハードルが高い、もっと我慢すべきだ、という趣旨)の、つまり実効力のある条例を目指していくべきです。抗議書や要請書、あるいは宣言文であれば、基地閉鎖や地位協定抜本改定、さらには軍事訓練の禁止などの要求をストレートに掲げることが適切でしょうが、法規である条例には、これらの要求を尊重しつつ、それを下支えするため、自治体として実行可能なものを盛らなければなりません。要求が高ければ高いほど実効性は低下します。この両者の調和点をどこに見出すかが、この請願運動の一課題です。提示した条例案は、そのひとつの解答案にすぎません。今後とも知恵を集めて探求を重ねなければならないと思います。

そして、条例は、制定後の状況の変化に機敏に対応して適時に改正できるよう、開かれたものとすることです。空の危険をもたらす米軍基地情勢は、刻々変化します。それに対応する方策を速やかに講じることができる仕組みを条例の中に準備しておく必要があると考えます。

②条例に盛られるべき内容

条例制定の主体は議会であり、請願を受けてどのような条例を制定するかは議会の判断に委ねられることはいうまでもありません。その点からすれば、請願者（市民）は、請願の趣旨のみを届ければよいわけです。しかし、議会審議の参考に供するため、請願の趣旨だけでなく、それを条文の形に具体化し、できるだけ整った条例案をつくって請願の際に提出することは有益であるといえます。

そこで、今般の宜野湾市の場合は、《謙抑的で実効力のある条例の制定を求める》という基本方針の下、現行法令の枠内で、かつ空の平和を蹂躙する米軍の不法行為への対応に限って、条例案では次の項目を提示しました。

（i）市長・市議会は、米軍当局に、米軍機が学校、病院を含む人口稠密《ちゅうみつ》地域上空を例外なしに飛行しないこと、および、市域の全上空を夜間一〇時から六時までの間飛行しないことを申し入れること。

（ii）市長・市議会は、米軍当局に、米軍機事故の原因究明と説明責任が十分に果たされるまで、すべての所属機の飛行を停止するよう申し入れること。

（iii）市長・市議会は、市の施設の屋上等に、米軍機に対して、危険な飛行行為をしないよう求めることを表現した掲揚物・掲示物等を置くことにより警告の意思表示をおこない、かつ、市民が自発的に同様の意思表示をするよう呼びかけること。

（iv）市は、市または市民が米軍により損害を蒙った場合、みずから、または市民に代位して損害賠償等を請求すること。

（v）その他、宜野湾市の平和な空を守るために、米軍機が市民生活に危害を及ぼさないようにするのに有効な措置を適時に講じること。
——この条例は、即効薬ではありません。いわば遅効的な、しかし、確実に米軍機の不法行為を規制する漢方薬のような効能をもちます。基地をなくすための多くの人々の努力と結びあえるなら、重要なひとつの役割を果たすことができるに違いないと信じます。

③条例実現のためにとりくむべき課題

条例の制定を請願する市民の運動は、それを立ち上げ進行させるための様々な課題に直面することになります。請願運動を準備し組織する人々の間で絶え間のない学習を続けることを土台にして、この運動に加わる人々を増やさなければなりません。広報活動と講演会などを重ねた上で、市民の署名を集める活動に入ることになります。それらのための会場費、ポスターやチラシ、署名用紙の印刷費など、財政的基盤を整えることが、当然ながら必須です。

とりわけ、今般の宜野湾市における「平和な空を守る条例」を成立させるについては、過半の市議の賛成を得ることが不可欠であり、全議員の理解を得ることが望まれます。それを可能にするのは、市民から圧倒的な数の署名が集められ、また協力団体が多数に及ぶことである、と考えます。またそうすることで、市長の賛同も得られるにちがいありません。要するに、今目指している条例は、自治体の一致協力した力で米軍の横暴を抑えて平和な空を守ろうとするものであり、それにふさわしい請願運動を進めることが成功のための第一課題なのです。

そして、この条例が実現するなら、平和な空を取り戻し、その下に生きる人々を守ることに貢献し、さらに加えて、住民による自治という地方自治の根幹を強く豊かにするものであるにちがいないと考えます。

(5) 市議会による請願不採択と今後の展望

以上に紹介した、宜野湾市における、市民による、米軍機事故から平和な空を守る条例制定の請願は、遺憾ながら、市議会によって無残な形で一蹴されました。二〇一九年三月六日、市議会総務常任委員会はこれを不採択とし（六対二）、同月二六日の本会議でも多数により斥けられました。そこには、市民の請願を誠実に処理しようとする姿勢が全く見られず、大きな問題を残しました。

ひとり宜野湾市民にとどまらず、沖縄県民は、米軍によって空から生命を日常的に脅かされています。県や市町村が抗議・要請を重ねても、無視されて事故は増大し、とくに二〇一七年末には、子どもの学ぶ緑ヶ丘保育園・普天間第二小学校で大惨事寸前の事態が生じました。ここに至って、私たちは、市民を保護する実効的な法的措置は何かを思案し、平和な空条例の制定を市議会に求める請願をすることにしたのでした。条例案には、市長と市議会が一体となって、米側に、学校・病院など人口稠密地域での飛行や夜間早朝の飛行をやめるよう申し入れ、合意を取り付けるために最大限の努力をするなどの条文を盛りました。日米安保・地位協定などの対立点は持ち込まず、「腹六分目」の、誰もが賛同できる条例を目指したのです。

そのため、二〇一八年九月、八八〇〇名余の署名をもって請願書を提出することができました。請願は、憲法上の権利（一六条）であり、請願法、地方自治法で具体化されています。受理した官公署は誠実に処理する義務を負います。宜野湾市でも議会基本条例が、請願を市民による政策提起と位置づけています（一〇条）。それにもかかわらず、総務委員会は、会派ごとの意見集約という仕方で、請願を不採択としました。もとより、市議会には請願どおりに条例をつくる義務はありませんが、私たちがもっとも遺憾とするのは、不採択のまともな理由が全く示されなかったことです。会派として採択できない（絆輝クラブ〔自民系〕・共生の会〔維新系〕・公明党）としたほか、安保・地位協定は日米政府間の問題で地方自治体が容喙するのは違法だ（絆輝クラブ）、というのがすべてでした。

理由に挙げている安保・地位協定の問題については、自治体が住民の福祉増進のためにこれに関係する国の政策に対して発言することは、違法どころか自治体本来の責務です。しかも、私たちの条例案は、先に挙げたように、この抵触など生じようもない謙抑的な提案です。与党会派は、具体的にどの個所がどのように抵触しているのか、何も指摘できません。これらの会派（共生の会を除く）は、二〇一九年二月の県民投票でも、不実施の挙に出て、宜野湾市民の投票権が奪われかねない事態を惹き起こしました。猛省こそが望まれます。

議会が請願を誠実に処理しなければならない法的義務には、請願者に、議会としての見解を、理由を付して文書で回答することが含まれています。これまでの経過に照らすなら、議会与党はこの義務に背き、市民の憲法上の請願権を違法に蹂躙したといわざるをえません。

以上のようにして、市議会与党は、市民の請願にかかる「平和な空を守る条例」の制定を斥けましたが、それが、平和な空の実現の逆行し、空の危険行為をいっそう増長させる愚行であることは言うを待ちません。市民のこの要求を沈黙させることはできません。請願運動を進めてきた市民団体は、不採択を受けてすぐさま声明を発表し、再び請願を目指すと言明しました。「次回、請願提出が実現した後の議会の対応が注目される」と地元紙も書いています（沖縄タイムス二〇一九年四月一八日付）。

――まことに、沖縄は、今も、事実において平和憲法を奪われたままです。しかし、県民はたえず憲法を選びなおし、守り抜く努力を続けてやむところはありません。「平和な空を求める条例」づくりの努力も、小さいがその一端を担うものです。それらが孜々として重ねられ、その先に、必ずや沖縄に憲法が実現される日が到来することになるにちがいないと信じます。

【資料】
「平和な空を守る条例」の制定を求めた宜野湾市民による請願書（二〇一八年九月二五日）

請　願　書

二〇一八年九月二五日

宜野湾市議会議長　大城正利　殿

私たちは、宜野湾市民として、市議会が、下記のような内容をもつ「宜野湾市平和な空を守る条例」（仮称）を可及的速やかに制定されることを、日本国憲法一六条、請願法第二条・第三条及び地方自治法一二四条に基づいて請願します。

請願者　〇〇〇〇　ほか〇〇名

（請願者全員の氏名・住所は末尾に記す。）

紹介議員　〇〇〇〇

〇〇〇〇

・・・・

記

I　請願の趣旨

私たちのまち宜野湾市には、沖縄戦中に市の中央部の土地を接収してつくられた米軍基地普天間飛行場が、戦後七二年の長期間、市域面積の四分の一強を占めて存在しつづけています。それは、今や

「世界一危険な基地」といわれるごとく、そこに起因する事件・事故は頻発してやむことがなく、と、くに軍用機とその部品の墜落・落下、爆音・悪臭・光公害等々によって、さらに米軍構成員が惹き起す様々な不法行為のために、宜野湾市民は安全・安心な環境で生活することを不可能にされています。また、宜野湾市行政にとっても、普天間基地は、都市機能・交通体系・土地利用などにかんして、住みよいまちづくりを進める上での決定的な阻害要因となっています。

米軍機は、宜野湾市域にかかわったものに限っても、相次いで事故を発生させてきました。復帰前の一九六〇年一月一〇日、米海軍所属ヘリＵＰ一三〇〇六四が、民家から一〇メートルの芋畑に墜落し、また復帰直後の一九七二年一二月四日には、沖縄国際大学の建築工事現場に米軍機燃料タンクが落下しました。そして、二〇〇四年八月一三日、米軍基地普天間飛行場所属の米海兵隊大型輸送ヘリＣＨ五三Ｄが沖国大構内に墜落し炎上する大事故が発生しています。

とりわけて近時においては、昨年一二月だけでも、大型輸送ヘリＣＨ五三Ｅの部品が野嵩の緑ヶ丘保育園の屋根の上で見つかり、また新城の市立普天間第二小学校の校庭に同型ヘリの窓が体育授業中の児童たちと至近のところに落下して、大惨事寸前の事態が生じました。普二小は、その後、危険回避のために、児童が校庭に出ることを禁じるという、教育の論理に背く異常な措置をとらざるをえませんでした。しかしながら、米軍は、飛行停止の要請に耳を貸すことなく、事故から六日後に再開させ、あまつさえ、今月に入って、ヘリ三機に普二小上空を飛行させました。そして、それは、沖縄防衛局によって撮影で確認されたものであるにもかかわらず、米軍は飛んだ事実を今に至るも認めていません。

事ここに至っては、この状況は宜野湾市と宜野湾市民にとって非常事態であると言わなければなりません。沖縄県も、知事・県議会ともこれにきびしく対応することを言明していますが、私たちは、県と歩調を合わせつつ、とくに米軍基地普天間飛行場を抱える自治体として、率先して、市民の生命と身体・財産を守るために平和な空を確保する実効的な手立てを可及的速やかに講じるべきだと考えます。

宜野湾市は、遡れば、一九八五年三月一八日に『宜野湾市 反核、軍縮を求める平和都市宣言』を発し、「宜野湾市民は、宜野湾市を永久に反核、軍縮を求める平和都市とすることを決意し」、「子孫の繁栄を願い…恒久平和を築くため、全力を尽す」ことを高らかに謳っています。そして、このような市政の基調に立って、佐喜眞 淳現市長も、二〇一六年二月一二日、就任時のあいさつで、「市民と市政の絆」を大切にし、「『世界一安心・安全なまちづくり』を基本理念に」、「市民との協働」を大切にして「開かれた市政運営」にとりくみ、とくに「普天間飛行場問題」については一日も早い危険性の除去につとめることを約束しています。

さらに、佐喜眞市長は、この姿勢を伸長させて、二〇一七年三月、宜野湾市基地政策部観光の広報冊子『まちのど真ん中にある普天間飛行場――返還合意の原点は危険性の除去と基地負担の軽減』に序文を寄せ、「市民の基地負担はもはや限界に達しており」、「世界一危険な基地」といわれる普天間飛行場の「一日も早い閉鎖・返還と、五年以内の運用停止（二〇一九年二月まで）を含む危険性の除去及び基地負担軽減の確実な実現を求めてまいります」と、市民に誓っています。また、宜野湾市議会も、二〇一六年六月二八日制定の議会基本条例において、日本国憲法と地方自治法の精神に則ることを強調しています。

このような宜野湾市政の歴史を土台にして、私たちは、宜野湾市民として、現在、米軍基地普天間飛行場所属のものを含む米軍用機がもたらしている危険から宜野湾の空を守るために、宜野湾市民、市長及び市議会が一体となって実効的な対応措置を早急に練り上げることが必要であり、かつ可能であると確信します。そして、その措置に最も適したものは、地方自治体に付与されている様々な法形式のうちでその中心にある条例を制定することであると思量し、ここに、『宜野湾市平和な空を守る条例』（仮称）を市議会が制定してくださるよう請願するものです。

Ⅱ　制定されるべき条例の骨子（素案）

「宜野湾市平和な空を守る条例」（仮称）

前文

宜野湾市は、市域中央部に広大な米軍基地普天間飛行場を抱え、その危険性のゆえに宜野湾市民は平和で安全な環境の中で生きることを妨げられている。特に、宜野湾市域上空を飛行する米軍機とその部品の墜落・落下の危険は、市民の生命と身体を直接に脅かしており、今日もはや放置できないものとなっている。本市は、この非常事態に鑑み、宜野湾市の平和な空を守るため、市民の生命と身体、財産の確保にこそ地方自治体の存在理由があることを確認しつつ、市民、市長及び市議会が一致協力して、可能なあらゆる施策を講じることを誓う。

第一条（目的）

本条例は、市域の学校・幼稚園・保育園、病院、さらに市民の住宅が米軍用機の惹起する事故の危険に日常的にさらされていることに対し、それを防止する手立てを講じ、もって安全かつ平穏な市民生活の確保を図ることを目的とする。

第二条（措置）

市長及び市議会は、宜野湾市の平和な空を守るために次の措置を講じる。

1　市長及び市議会は、米軍当局に対して、宜野湾市域の上空を飛行する米軍機が、学校・幼稚園・保育園、病院を含む人口稠密地域の上空については、例外なしに飛行しないことを確固とした姿勢をもって申し入れ、その合意を取り付けるよう努力すること。

2　市長及び市議会は、米軍機が事故を起こした場合、米軍当局に対して、当該事故についての十分な原因究明が果たされるまで、当該事故機のみならずすべての米軍機について飛行を停止することを、確固として求めること。

3　市長及び市議会は、市として、市の施設の屋上等に、米軍機に対して、危険な飛行行為をしないようにすることを表現した掲揚物・掲示物等により警告の意思表示を行うこと。

市長及び市議会は、この掲揚等を自ら行うとともに、市民に、自発的に、自宅の屋上等において同様の意思表示をするよう呼び掛けること。

4　市長及び市議会は、米軍機の惹起した行為により市又は市民が損害を被った場合、市として、又は市民に代位して損害賠償請求等の措置を講じること。

5　市長及び市議会は、前項までに挙げた措置のほかに、宜野湾市の平和な空を守るために、米軍機のもたらす事故に対処するのに有効なあらゆる措置を講じること。

第三条（市長、市議会及び市民の役割）

市長及び市議会は、市民の生命と身体、財産を守る義務にもとづいて、宜野湾市の平和な空を守る責任を、率先して果たさなければならない。その際、両者は緊密に連携し、市としての一致した見解を持って措置を講じるものとする。

市民は、市長及び市議会の要請に応じて協力する。ただし、その要請は強制にわたるものであってはならず、市民の協力は、市民の自発的な意思にゆだねられる。

第四条（施行）

本条例は、事態の緊要性に鑑み、議会における制定と同日に施行される。

請願者

氏　名・住　所

○○○○・○○○○

・・・・　・・・・

・・・・　・・・・

第三章　沖縄における平和的生存権のありよう

1　平和に生きる権利実現のための人々の努力

(1) 人間の尊厳に基礎を置く平和的生存権

日本国憲法は二〇二〇年で施行七三年を迎えましたが、沖縄にとっては、憲法の適用四八年を迎えたにとどまります。その差二五年。これに、一九四五年四月の沖縄戦開始で停止された大日本帝国憲法の二年間を合わせて計二七年間、沖縄は憲法を奪われていました。そして、その間、人々に憲法上の権利の保障はなく、七二年の「本土復帰」も、県民の願った平和憲法の下への復帰とは程遠いものでした。憲法は適用されはしましたが、それに反する安保法体系に従う政府の政策が沖縄を苦しめつづけています。県民は、米軍基地の過重負担、あまつさえ新基地の建設強行、米軍・米軍人の惹き起こす事件・事故によって、今に至るまで生命と人間の尊厳を脅かされているわけです。

人々は、この不条理に黙して従う態度はとらず、抵抗をやめることはありません。今日においても、辺野古や高江の新基地反対運動の合言葉に示されている「勝つ方法はあきらめないこと」という姿勢を、意気軒高に堅持しています。これは、過去幾多の試練の中で鍛えられてきた強さ、不屈さであり、根源的には、平和のうちに生きることができるという人としての権利、つまり、人間の尊厳に基礎を置く平和を求める権利に支えられたものです。米軍新基地をなくしたいとする人々の抵抗活動は、この、平和を求める権利を土台としているのです。まず、このことを確認しておかねばならないと思います。

そして、この平和のうちに生きようとする願いは、法の世界における「平和への権利」に高まり、さらには実定憲法典上の権利として保障されるところとなりました。その嚆矢《こうし》が、日本国憲法前文にいう「恐怖と欠乏から免かれ平和のうちに生存する権利」すなわち「平和的生存権」です。ただ、この法上（憲法上）の権利としての平和的生存権は、それを具体的な法的規範、とりわけ裁判規範として機能させせようとする場合には、その要件と効果を明確にすることが厳格に要求されます。この権利を、つねに一層精錬していくことが求められているといえましょう。

なお、平和的生存権を、戦争に向かう政府の行為を正面から違憲であるとしてこれを阻止する、という本来の目的で主張する場合と、政府行為の違憲性は脇に置いてこれを主張せず、もっぱら平和的生存権自体の、具体的な生活の場面における個別的な侵害を指摘し、そうすることでこの行為を阻止しようとする場合とでは、この権利の機能の態様は大きく異なります。沖縄の憲法裁判史においても、この両様の用い方がなされています。差異は明瞭に認められるところです。平和的生存権の機能は、前者こそ本来のものですが、事案と場面に応じて両者を結合させる思考が必要であると考えます。

——これらのことを念頭に置いて、以下、沖縄における平和的生存権のありようを考えておきたいと思います。

(2) 辺野古新基地建設基地をめぐる政府と沖縄

現在、沖縄情勢の焦点は、米軍辺野古新基地の建設問題にありますが、これをつくらせまいとする県民の圧倒的多数の意思にもかかわらず、米国の意向に従う日本政府は建設を強行しています。ここに至る経過を要約的に見ておきましょう。

一九九五年九月、米兵三名による沖縄の少女への残虐非道な暴行事件が惹き起こされ、それに対する県民の怒りは、米軍基地の整理・縮小を求める島ぐるみの闘争へと発展しました。こうした動きに圧された日米両政府は、翌九六年四月、世界一危険だとされる普天間基地の返還で合意しました。これが伝えられた瞬間、人々を狂喜乱舞させたこの合意は、名護市辺野古に、恒久的に使用可能な巨大基地をつくることを移設条件とするというものでした。それを知った人々はこれを受け容れず、反対をつづけました。そして、県内の保守派も含めて「オール沖縄」の態勢を築きあげ、二〇一四年には翁長雄志知事を誕生させ、新基地をつくらせないという一点で団結を固めました。こうして、辺野古問題の現在の局面が形づくられています。

すなわち、その年の前年（二〇一三年）末に、当時の仲井眞弘多知事が県民への公約を破って、政府に公有水面埋立ての承認を与えたのですが、翌一四年、人々は、名護市長・同市議、県知事の各選挙、そして衆院選挙の沖縄の四つの小選挙区すべてにおいて「オール沖縄」の候補を見事に勝利させせました。辺野古反対の民意は余すところなく明らかになったのです。それ以降の沖縄情勢は、基本的に新基地阻止の方向に進む段階にあります。この民意を背景に、翁長知事は二〇一五年一〇月一三日、遂に埋立て承認を取り消しました。しかし、国の強権的姿勢は変わらず、知事を被告として提起した違法確認訴訟では、翌一六年九月一六日に福岡高裁那覇支部判決が国側勝訴とし、最高裁も同年一二月一二日に知事の上告を棄却しました。これを受けて同月二六日、知事は承認取消しをみずから取り消しました。その結果、ただちに建設工事が再開され、情勢の局面は、外見的には、政府側が主導するものへと転じました。

しかし、その後、翁長知事は志半ばにして病に斃《たお》れましたが、埋立て承認の撤回を公約どおりにおこない、逝去にともなって実施された選挙で誕生した玉城デニー知事も、この方針を断固として受け継ぎ、県民に支えられた辺野古新基地建設阻止の姿勢は揺るぎのないものになっています。情勢は、基本的に、県民主導の新しいステージへと再転換し、今に至っているといえます。

(3) 基地をつくらせない運動の二つの戦線

こうして、沖縄の民衆のたたかいは、最前線の建設工事現場での阻止行動、県による行政上の権限の駆使、そして、県内のあらゆる公職選挙、また県民投票で勝利するという政治戦などにより構成されていることがわかります。

これを、私なりに整理しておくなら、ひとつに、①主権者国民・住民による政治運動（主権的権利の行使）であり、それには、（ⅰ）現場での抵抗行動、（ⅱ）集会・行進・署名などの多様な表現活動、（ⅲ）市民を提訴者とする訴訟、（ⅳ）選挙（国政および地方政治の双方）と住民投票などの直接参政が含まれます。もうひとつは、②自治体の法的権限行使であり、それは、（ⅰ）長（知事、市町村長）が法により付与されているあらゆる権限を行使すること、（ⅱ）議会による条例制定、決議、議員の対政府また住民に向けての活動、（ⅲ）自治体が国に対して提起する訴訟、などから成るといえるのではないでしょうか。

この両者の有機的結合・一体的共同の態勢を構築することが勝利のカギとなりますが、やはり、①の民衆が行動する政治活動こそ主戦場であると考えられます。その意味で、②の、とくに訴訟活動は、副次的戦線を形づくるのですが（「主戦場は法廷の外にある」――これは、在野法曹が戦前からの永年にわたる努力をとおして築いてきたたたかいの原則をあらわした言葉です）、ただ、それがきわめて重要かつ不可欠の意義をもつものであることはいうまでもありません。

なお、運動について留意すべきは、沖縄の運動が、必ず、本土における運動と連帯するものでなければならないことであると考えます。米軍基地問題は、安保体制がもたらしているものである以上、問題が全国的なものとなることは必然です。基地と駐留米軍から生じる諸々の害悪の根源は、従属的軍事同盟条約である安保条約にあり、これをなくす課題が根本に据えられなければならないことを強調しておきたいと思います。

2　沖縄における平和的生存権侵害の特質
――米軍基地による恒常的で具体的な侵害

(1)「平和的生存権」を沖縄問題をとおして考えることの大切さ

平和を人権ととらえる平和的生存権を規範化した日本国憲法は、平和を求める民衆の運動にとって、沖縄においてはなおさら、この上なく頼もしい支えです。平和的生存権、すなわち、憲法前文第二段末尾に「われらは、全世界の国民が、ひとしく恐怖と欠乏から免かれ、平和のうちに生存する権利を有することを確認する」と規定されたこの権利について、私は、次のような規範的意味をもつ、と解しています。

すなわち憲法前文が、全世界の国民が平和のうちに生存する「権利」を有するとしたのは、人の平和的生存を、たんに国家が平和政策をとることの反射的利益ととらえる従前の理解から原理的転換を遂げて、平和をまさに権利として把握したことを意味します。換言すれば、この平和的生存権規定は、政府に対しては、軍備をもたず軍事行動をしない方法で国際平和実現の途を追求する平和政策の遂行を法的に義務づけ、反面で、国民には、政府が平和政策をとるよう要求し、またみずからの生存のための平和的環境をつくり維持することを各自の権利として保障したもの、と解することができます。そして、この、前文に直接の根拠をもつ平和的生存権は、九条で具体化された上で、ひとつには、一三条をはじめとする第三章各条項に定められた諸人権と結合して機能し、もうひとつには、第三章の各人権がカヴァーしていない領域ではそれ自身が独自の意味をもつ人権として働くものであるといえます。要するに、前文の「平和のうちに生存する権利」は、その意味内容は九条によって充填され、それによって具体性をそなえた人権として機能しうるものとなり、かつ、第三章の人権条項と相俟《ま》って個別の事案において働くこととなる、と解することができます。

すなわち、「平和のうちに生存する権利」にいう「平和」は、他ならぬ日本国憲法自身、何よりも九条（および前文の第一、第二段）によって特定の意味を付与された「平和」ですから、九条違反の政府の政策がおこなわれたとき、それは即、平和的生存権を侵害したものと評価されるのです。このようにして、政府の戦争行為や戦争準備行為のもたらす恐怖から免れる自由と欠乏に陥ることのない生存権とを包摂した総括的基本的人権として憲法上保障されたものである、といえます。つまり、日本国憲法前文に定める「平和のうちに生存する権利」は、憲法典中に孤立して置かれているものではなく、前文全体の理念に底礎されつつ、その意味内容を、とりわけ九条によって充填され、それによって具体性を具えた人権として機能しうるものとなっています。すなわち、九条の定める戦争放棄、戦力不保持および交戦権否認という、徹底した戦争と軍事力の否定こそ、平和的生存権の「平和」の規範的な意味内容なのです。

以上が、学説の近時の有力説に即した私の理解ですが、もっとも、最高裁は、今も、このような権利論を認めていません。代表的に、百里基地訴訟上告審判決（第三小法廷一九八九年六月二〇日）で、平和主義や平和的生存権にいう「平和」は理念ないし目的にとどまる抽象概念に過ぎないと切り捨て、その後の九条関係の訴訟における国側主張は、この最高裁の判示を金科玉条のごとくに扱い、それを根拠にして平和的生存権には具体的権利性が欠如していると繰り返しています。本書は第Ⅱ部で、この主張の誤りを正し、学説の立場を弁証します。

このような状況の中で、私は、平和的生存権が沖縄問題で格別に大きな意味をもっていることに注目しています。すなわち、沖縄が担わされている法的諸問題は、憲法原理全体を覆っており、国家主権を柱とし地方自治を場とする空間における国民主権と平和と人権のあり方のすべてを問うものとなっています。この、統治構造と人権、さらに国の基本進路、それら全体を結ぶ結節点に平和的生存権があるといえます。そして、その沖縄における平和的生存権は、実相として、沖縄外ではみられない程度に具体的・現実的・日常的です。それゆえにまた、憲法学の平和的生存権論は、沖縄問題をとおして多くのものを摂取することができるはずであるといえます。

(2) 平和的生存権の日常的・常態的、長期的・恒常的かつ現実的・具体的な侵害

沖縄問題の根底には、県民が戦後七〇年を超えて、米軍基地の重圧と被害に苦しんできた歴史と現状があります。すなわち、米軍の、沖縄の基地を用いておこなわれる戦争行為（広義において、固有の戦争行為のほか、戦争類似行為、戦争準備行為、戦争訓練、軍事基地の設置管理などを含む）によって、沖縄県民は、生命自体に脅威を受けていることをはじめ、平穏に生活を営むことを全般的に阻害されているのです。この、米軍基地を共通項としてもたらされる個々の被害は、即、個人の尊厳とそれにもとづく個々の人権の侵害を意味するものにほかなりませ

ん。そして、このような実態に照らすとき、平和的生存権は、すべての人権と結合し、すべての人権の基礎をなすという本来の姿が如実に理解されることになります。その特質は、少なくとも次のところに見出されると考えます。

まず第一に、沖縄における平和的生存権の侵害は、具体的な生活の中で日常的・常態的に、かつ長期にわたって恒常的に生じてきたものとしてとらえられます。なお、この侵害は、沖縄に偏重して集中的にあらわれている点において、国政上の差別であるといえます。さらに、米軍基地に起因する被害は沖縄全域に及ぶものであることも加わります。

第二に、沖縄問題では、平和的生存権の個別的内容が、いずれもきわめて現実的で具体的な形で導き出され、それゆえにまた、第三章の諸人権に新しい意味を付与し、そのようにして、平和的生存権の内包・外延が豊富で広範なものとなっていることです。四半世紀前の事例ですが、一九九六年の職務執行命令訴訟における知事側主張では、「事件・事故等が起きる度に、沖縄県民は戦争の恐怖を思い出し、あるいは実感し、戦争の犠牲となった者たちの人間としての尊厳性を思い起こしては、戦争行為によって生命の危険に脅かされることなく、平穏な生活を阻害されない権利としての平和的生存権の実質的保障を求めている」と述べていましたが、今日でも変わるところはありません。このようにして、沖縄では、平和的生存権の保障は、切実かつ重大な課題として日々存在しているのです。

そして第三に、沖縄では、平和的生存権が、沖縄に基地を有する米軍による世界の人々に対する加害行為に加担することを拒否する権利であることがきわめて明瞭になっています。それは、みずからが平和のうちに生きることにとどまらず、沖縄に存在する基地からの出撃・補給により他国民が被害者となることによってみずからが間接的な加害者となることをも拒否する権利であるという意味をもちます。この精神は、戦争につながる一切の行為を否定し、平和を求め、生命と尊さと人間性の発露である文化をこよなく愛するという「沖縄のこころ」に根差したものであるといえます。

さらに加えて第四に、平和的生存権は、沖縄問題をとおして、それが地域の住民の人権であり、また地方自治体の自治権を構成するものであるとの新しい意義を獲得したことも、指摘することができます。すなわち、憲法が保障する地方自治の目的は、当然事として、住民の人権を確保することにあり、地方自治体は、住民の生命・安全を守り、福祉の増進を図ることをその基本的使命としています。これを平和的生存権とかかわらせて述べるなら、地方のレベルにおいても、住民は人間としての生存と尊厳を維持し、自由かつ幸福で平穏な生活が保障されなければならず、それが地方自治の本旨の内容のひとつであるといえます。自治体は、このような住民の平和的生存権を保障する責務を担っているのです。これは、地方自治の保障を人権の側から照射して、それが平和的生存権の実現をも任務とするものであることを具体的に明らかにしたものであるといえるでしょう。

(3) 訴訟における平和的生存権侵害の詳細な主張

これまで述べましたように、沖縄における平和的生存の侵害状況は、きわめて明瞭な特質をもっています。この点で、とくに安保条約の違憲をいうことなく平和的生存権侵害を主張するタイプの訴訟では、県民の平和的生存権に対する侵害がいかに広範かつ深刻であるかについての論証が、微に入り細を穿《うが》つ形でなされています。

ちなみに、一九九五年の沖縄代理署名訴訟の知事側準備書面では、沖縄戦における戦争体験、戦後も続く米軍の戦争行為による、人の五感をとおして受ける恐怖が語られています。それは、視覚・聴覚・嗅覚・味覚・触覚のそれぞれにより認識できる平和的生存権侵害の無数の事実であり、それらが、在日米軍の戦争行為（戦争準備行為を含む）による沖縄県民の具体的な平和的生存権侵害にほかならない、としています。

そこにいう、五感により具体的に認識される侵害は、つぎのような内容のものです。――まず、視覚をとおして認識できる米軍による平和的生存権の侵害として、（ⅰ）米軍による住宅区域内の行軍、（ⅱ）戦闘機・輸送機等軍用機の離発着、（ⅲ）米軍演習場における戦闘訓練、（ⅳ）パラシュートの降下訓練、（ⅴ）その他異様な光景（例えば、毒ガス漏れの早期発見のためであろうか、ヤギが弾薬庫や兵器庫のそばにつながれているなど）。ついで、聴覚をとおして認識できる米軍による平和的生存権の侵害として、（ⅰ）戦闘機・爆撃機等軍用機による爆音、（ⅱ）実弾砲撃演習による射撃音・爆裂音、（ⅲ）米軍による住宅区域内の行軍の音、（ⅳ）墜落事故の音。また、味覚・嗅覚をとおして認識できる米軍による平和的生存権の侵害として、（ⅰ）飲料水の水質汚濁、（ⅱ）燃料・ガス等、とくに基地からの油脂燃料類の漏出、毒ガス漏れなど基地から発する異臭。そして、触覚をとおして認識できる米軍による平和的生存権の侵害として、（ⅰ）軍用機の離発着・飛行・墜落事故や砲撃着弾等にともなう地響き、（ⅱ）地中の異物、とりわけ不発弾、などです。

そして、人々は、これらについて、個別の感覚をとおしても米軍の戦争行為による恐怖を感じるが、通常は、それが、視覚・聴覚・触覚等いくつかが結合して一度に襲ってくる。こうして、沖縄県民は、いまだに戦争の恐怖におののき、きわめて具体的・現実的に生命の危機に脅かされ、平穏な生活を送る権利を阻害されている、と指摘されています。

これは、安保違憲論を回避した平和的生存権侵害の主張であって、私は、この権利の本来的機能を発揮させるものではないといわざるをえないものですが、平和的生存権の包括的権利性を考えるにとっては、重要な指摘であると考えます。

いずれにせよ、米軍基地の重圧は、基本的に、復帰後もそれ以前と変わらない状態にあります。米兵による殺人・傷害、とくに女性に対する暴行など人間の尊厳をじゅうりんする事件も、米軍統治時代と同様に多発しています。とりわけて、一九九五年九月四日の三名の米兵による少女暴行事件の残虐さは、県民の怒りを爆発させ、県知事による代理署名拒否に至ることとなりました。また、沖縄戦の戦後処理問題は復帰後も未解決で、不発弾に因る事故などが後を絶ちません。燃料・廃油等の流出、演習による火災発生など、軍事基地を発生源とする環境被害も大きいのです。そして、米軍機の離発着時の爆音による健康被害は、基地周辺の広範な地域に及び、住民は、嘉手納基地、普天間基地にかんして夜間の飛行停止等を裁判上も訴え続けています。加えて、復帰後自衛隊が沖縄に移駐してきたことから、米軍機に加え自衛隊機の事故が、住民の平和的な生存を脅かしています。

——このようにして、沖縄問題に照らしたとき、平和的生存権の多様な規範的意味が具体的に明らかになります。それは、今日の平和的生存権論を豊富化・豊饒化し、またそのことによりこの権利を裁判規範たりうる具体的権利に成熟させることに大きく貢献するものといえるでしょう。

3　安保条約・米軍駐留と平和的生存権の主張の仕方

(1) 安保・米軍の違憲を主張する場合：平和的生存権の本来的機能

このようにして、沖縄にあっては、平和的生存権の侵害は、具体的な生活の中で日常的・常態的に、かつ長期にわたって恒常的に生じているものととらえられます。まさに、全面的侵害であり、その侵害行為の発生源は、他ならぬ米軍基地にあります。そこで、安保条約・地位協定の違憲性と平和的生存権主張との関係が論点となります。

これを論じるには、平和的生存権と九条との規範的関係をどのように理解するかが前提となりますが、私は、先に述べたように（第三章2（1））、前文の「平和のうちに生存する権利」の意味内容は、九条によって充填され、そのことで具体性をそなえた人権として機能しうるものとなり、かつ、第三章の人権条項と相まって個別の事案において働くこととなる、と解することができると考えています。したがって、九条違反の政府の政策がおこなわれたとき、それは即、平和的生存権を侵害したものと評価されることになります。

すなわち、そこにおいて平和的生存権は、憲法の平和主義に違反する政府の行為、つまり、安保条約および米軍基地、また自衛隊の存在と運用の憲法適合性を判定する実体規範として機能します。同時に、この権利は、九条違反の政府行為に対して市民個々人が法廷で争うための手続規範としてはたらきます。すなわち、日本国憲法の平和的生存権は、主観的権利でありながら、市民がそれを用いて政府の平和に反した政策を正すという、きわめて現代的な客観的機能を果たすことになります。これがこの権利本来の役割であるといえましょう。

そして、この事理を沖縄米軍基地訴訟にあてはめるなら、とりもなおさず、日米安保条約・地位協定および米軍駐留が、憲法九条の戦争放棄・軍備不保持の規範に違反していることを主張する場面においてこそ、平和的生存権の真価が発揮されるのであり、これが、平和的生存権の本来的機能であるということができると考えます。

(2) 安保・米軍の違憲を主張しない場合：平和的生存権の副次的機能

これに対して、安保条約・米軍駐留の違憲を主張することなく平和的生存権を用いた訴訟もあります。何度も引き合いに出している一九九六年の沖縄代理署名訴訟ですが、その第一審において被告大田昌秀知事側は、「安保条約が合憲であり、米軍の駐留が憲法上許容されるものであるとしても」駐留軍用地特措法は違憲である、との論法を用い、また上告理由の中でも、「日米安全保障条約及び日米地位協定に基づきアメリカ合衆国軍隊の我が国における駐留を認めることが憲法に違反するものでないにしても」駐留軍の用に供するために土地等を強制的に使用・収用することは、憲法前文、九条・一三条で保障された平和的生存権を侵害し、憲法二九条三項に違反する、という論理を採っていました。この訴訟で、知事側が安保条約・米軍駐留の違憲を主張しなかった理由については、その準備書面（第三準備書面、一九九六年二月九日付）の記載を辿ると沖縄県民の平和的生存権は一貫して「在沖米軍により侵害されてきたという事実があり、これを裁判所が認定することは在沖米軍が憲法九条に違反するか否かに関係なく十分に可能である」という認識に立っていたことがわかります。

つまり、知事側は、安保条約・米軍駐留を違憲とする立場を採ることなく平和的生存権の侵害を主張しました。私には、そうした選択をもたらした要因は不明であり、知りたく思っていたところですが、この準備書面の一部を収めた単行の書籍において「解説」を担当した論者（新崎盛暉〔巻末・参考文献〕）は、つぎのように述べています。――「〔大田〕知事の代理署名拒否の背景には、安保再定義即沖縄基地の長期固定化という知事の安保認識があることは、知事自身が機会あるたびにくり返し語ってきたところである。しかし、安保条約あるいは安保体制それ自身に対する知事の認識は、必ずしも明確ではない。／したがってこの準備書面でも、安保違憲論等は主張されていない。また、『侵略戦争』ということばが、『過去の、尊い人命を奪い、物心両面にわたっていやしがたい傷を負わせた戦争』という知事の県議会発言における表現に置き代えられているなどの微妙な配慮もある。県議会では、野党が多数を占めるにもかかわらず、代理署名拒否は沖縄社会の圧倒的支持をえている。この準備書面は、こうした微妙な状況も反映している」（／は、原文では改行）というものです。

ただ、先にも述べたように、平和的生存権は、客観的制度規範としての九条の定める不戦非武装の命令に反する公権力の行為に対して、市民が抗議し、それを是正させるための権利、いいかえれば、国家の根幹のひとつを成す軍事制度を市民がコントロールするための主観的権利であることを本質とします。その点で、在日米軍や自衛隊の違憲性を問わない平和的生存権主張は、問題の根本的解決、つまり苛酷な現実をもたらしている根源を明らかにしてそれを取り除くところにまで進むことはできず、ここにこの主張方法の本質的限界があります。同時に、そのような形で主張される平和的生存権も、他の諸権利の基底に在ってそれらを支え、また補って人権救済に資することになり、その点において必要性・有用性は評価されなければなりません。それは、平和的生存権の副次的機能と位置付けられるべきものであると考えます。そして、平和的生存権がこうした複合的な役割を果たしうるのは、その権利としての包括的な性格のもたらすところである、ととらえることができるでしょう（なお、この論点は、第Ⅱ部第三章で、よりくわしく取り上げます）。

――それでは、このような平和的生存権の考え方、またその規定がどのように形成されてきたのか、それを活用する可能性をどこに見出すことができるかなどについて、沖縄を念頭に置きながらより広く考えてみたいと思います。新しく第Ⅱ部を建てます。

第Ⅱ部　平和的生存権を沖縄で活かす

第一章　平和的生存権と日本国憲法

1　平和的生存権保障の国際動向

（1）戦争違法化への世界的潮流

「平和憲法」の名を負う日本国憲法の、その平和主義原理の柱となる規範は、第二章第九条の戦争放棄と前文第二段末尾の「平和のうちに生存する権利」（以下、平和的生存権）、すなわち、「われらは、全世界の国民がひとしく恐怖と欠乏から免かれ、平和のうちに生存する権利を有することを確認する」という規定です。そこに示された徹底した平和主義の見地は、近代立憲主義の各国憲法との比較において、日本国憲法の進歩性、その意味での特殊性を表現したものであり、世界各国憲法の到達点の一歩先にあって、その水準を引き上げる役割を歴史的に担っているともいえます。

この第九条と平和的生存権を不可分一体のものとした平和主義は、立憲主義の前提をなしており、平和なくしては立憲主義・人権保障の実現はないことを物語っています。いいかえれば、平和的生存権は、人権の条件としての平和を享受する権利にほかならないもので、それは、すべての基本的人権の享有を可能にする基礎条件をなす権利、つまり自由権や参政権また社会権の基礎にあってそれらを支えている基底的権利であるととらえることができます。したがって、日本国憲法における平和的生存権の思想と規範のもつ意義はまことに重要で、これを、世界平和の実現のために、対内的・対外的いずれの関係においても活かすことの必要性はきわめて大きいといえます。そこで、この権利を成立させた世界的潮流を確認しておきたいと思います。

①古典的正戦論から無差別戦争論へ

平和的生存権は、人のたんなる観念の産物でもなければ、法規範において権利の名が与えられたことで権利となったものでもありません。それは、歴史上、政府の行為によって惹き起こされた幾多の戦争による悲惨な経験と、それをなくそうとする努力とをとおして生成された重要な人権です。

歴史を遡ると、ヨーロッパ・キリスト教世界においては、初期キリスト教会では絶対平和の信条が遵奉されましたが、四世紀以降、国教化を背景にして、ローマ・カトリック教会は正戦論（bellum justum）を採るようになりました。この、神の意思を実現するためとされる戦争を「正戦」（ないし「聖戦」）とし、それ以外の戦争を不正の戦争とする戦争観は、中世から近世初期にかけて支配的でしたが、独立主権国家の成立と、ローマ教会や神聖ローマ皇帝の権威の失墜によって徐々に力を失いました。その流れと並行して、キリスト教の枠を超えた普遍的な自然法の観念にもとづく正戦論も説かれました。

この時期に、平和を、国家権力を拘束することによって保障しようとする考えの下に、征服戦争の放棄を規範化した初めての憲法が登場します。フランス一七九一年九月三日憲法第六篇ですが、それは、「フランス国民は、征服を行なうことを目的とするいかなる戦争を企てることも放棄し、且ついかなる人民の自由に対してもその武力を決して行使しない」とするものです。そして、それに違反して征服戦争がおこなわれた場合について、「立法府が、開始された敵対行為が大臣又は執行府の他の官吏の責に帰すべき侵略であることを発見すれば、侵略の主犯者は犯罪として訴追される」(三篇三章一節二条)との制裁措置を定めていて、実効性の担保を図っていました。ただ、征服戦争禁止の思想は、侵略の戦争と防衛の戦争を現実に区別しうるかという根本的弱点を宿しており、その点で、正戦論の原罪的欠陥をなお免かれていませんでした。

近代独立主権国家が次々と成立し、それが並存するというヨーロッパ世界の基本構造が形成されていくのに対応して、無差別(非差別)戦争観が、正戦論にとってかわるようになります。この、一九世紀から二〇世紀初頭にかけての支配的思想は、戦争の理由が正当であるか否かを問うことをやめ、戦争をすることは、その理由のいかんにかかわらず主権国家の正当な権利の行使であるとするものでした。それは、戦争を、相互に対等な主権国家、いわば「正しい敵」(justus hostis) 同士があい戦うものとみる決闘的な戦争観であり、いずれが正しいかを判定することはできないとしたものです。このような無差別戦争観の下で、主権国家相互間における、主権国家の植民地に対する様々な戦争がおこなわれ、同時に、中立の可能性が論じられたのです。

②戦争違法化の潮流

しかし、二〇世紀の二度にわたる世界戦争をとおして、無差別戦争観は根本的な見直しを迫られることとなり、戦争を違法視する考え方が強くなります。その契機となったものは、両次の大戦がもたらした被害が、戦勝国・敗戦国を問わず甚大なものとなった事実です。まず、一九一九年に締結された国際連盟規約は、「締結国ハ戦争ニ訴ヘサルノ義務ヲ受諾」する（前文）との紛争についての平和的解決の原則を据えた上で、「戦争又ハ戦争ノ脅威」は「総テ連盟全体ノ利害関係事項」である（一一条）と宣言し、「国交断絶ニ至ルノ虞アル紛争」が発生したときには、裁判または調停のいずれかに付託しなければならず（同項後段）、また、裁判の判決後または連盟理事会の報告後三か月以内は戦争に訴えることは許されず、そして、この三か月以降も裁判所の判決に服する連盟加盟国に対しては戦争に訴えることはできない」（一三条四項）旨規定しました。これは、戦争を一定範囲で加盟国に認めつつも、「戦争の自由」を大きく制約するものであり、戦争違法化への第一歩を印したものといえます。

また、当時の九〇％以上の国の政府が締結した一九二八年のいわゆる不戦条約（「戦争抛棄ニ関スル条約」）は、「締約国ハ、国際紛争解決ノ為戦争ニ訴フルコトヲ非トシ、且其ノ相互関係ニ於テ国家ノ政策ノ手段トシテノ戦争ヲ抛棄スルコトヲ其ノ各自ノ人民ノ名ニ於テ厳粛ニ宣言ス」（一条）、「締結国ハ、相互ノ間ニ起ルコトアルベキ一切ノ紛争又ハ紛議ハ、其ノ性質又ハ起因ノ如何ヲ問ハズ、平和的手段ニ依ルノ外之ガ処理又ハ解決ヲ求メザルコトヲ約ス」（二条）として、明確に戦争の放棄と紛争の平和的解決を志向するものでした。この点で、同条約は画期的な意義をもっていますが、同時に、自衛権にもとづく戦争を無限定に認めるという致命的な限界を有していて、第二次大戦では、日本・ドイツなどが、それに依拠する形で他国に対する侵略に乗り出したのです。

第二次大戦中の一九四五年六月二六日連合国各国が署名し、大戦終了直後の同年一〇月二四日に発効した国際連合憲章は、戦争の違法化をより明確に宣言すべく、まず、国際連合の目的を、「国際の平和及び安全を維持すること。そのために、平和に対する脅威の防止及び除去と侵略行為その他の平和の破壊の鎮圧とのため有効な集団的措置をとること並びに平和を破壊するに至る虞のある国際的の紛争又は事態の調整又は解決を平和的手段によって且つ正義及び国際法の原則に従って実現すること」（一号一項）に置き、そして、「すべての加盟国は、その国際関係において、武力による威嚇又は武力の行使を、いかなる国の領土保全又は政治的独立に対するものも、また、国際連合の目的と両立しない他のいかなる方法によるものも慎まなければならない」（二条四号）として、形式的意味の戦争だけでなく、武力の行使も、また直接的な武力行使には至らない武力による威嚇も、ともに原則的に禁止しました。このように、国連憲章は、まずは、戦争違法化の準則を明確に掲げたものといえます。

しかしながら、それは、最終的には武力による平和の維持回復という考え方に立っていました。すなわち、「この憲章のいかなる規定も、国際連合加盟国に対して武力攻撃が発生した場合には、安全保障理事会が国際の平和及び安全の維持に必要な措置をとるまでの間、個別的又は集団的自衛の固有の権利を害するものではない。この自衛権の行使に当って加盟国がとった措置は、直ちに安全保障理事会に報告しなければならない。また、この措置は、安全保障理事会が国際の平和及び安全の維持又は回復のために必要と認める行動をいつでもとるこの憲章に基く権能及び責任に対しては、いかなる影響を及ぼすものではない」(五一条)とするものです。たしかに、そこでは、加盟国が自衛権を行使しうるのは「武力攻撃」が加えられた場合に限られ、さらに、時間的にも、安全保障理事会が必要な措置をとるまでの間に限られています。とはいえ、この「国連による平和」は、「武力による平和」を根底に置いたものであり、国連憲章にはそうした本質的な限界があることが看過されてはならなりません。

なお、各国の憲法、第二次大戦後の憲法の中には、侵略戦争(ないし征服戦争)を禁止し、ないし犯罪視して、これを防止しようとする規定が少なくありません。日本国憲法九条との関係でもっとも注目されるのは戦力不保持の規定ですが、わが国のように徹底したものは見られません。しかし、常備軍の制限・禁止条項を備えた憲法もあり、大いに注目されます。

③日本国憲法九条の普遍性と先進性

以上のような近代国際法および立憲主義憲法の系譜の中に、わが国憲法九条は位置しています。戦争放棄にかんしていえば、戦争違法化の世界史的潮流を背景として成立したものであり、また、戦力不保持も、ひとりわが憲法だけの態度ではなく、他にも常備軍廃止に向かう憲法が存在するという国際的拡がりをもつものです。そのことをふまえてこそ、日本国憲法が九条の平和主義を、平和的生存権によって後支えすることによりその実定法規範性を強めていることの普遍的意味を正しく理解することができるといえます。

同時に、日本国憲法の平和主義は、世界の立憲主義憲法史の流れをたんに継承してその標準的な到達点にとどまっているものでないことは、つねに強調されなければなりません。それは、近代立憲主義憲法史と断絶する側面を見せつつ、その流れを飛躍的に前進させる位置にみずからを置いています。すなわち、これまでの西欧立憲主義の歴史において、絶対平和主義は思想としては存在していましたが、実定憲法となることはなく、諸憲法も、放棄されるべき戦争も、「征服を目的とする」戦争、「国家の政策としての」戦争、「国際紛争を解決する手段としての」戦争等、つまりは侵略戦争に限っていました。このことは、平和追求の根底に「武力による平和」の思想が据えられていることを意味するものであり、前述のように、国連憲章でさえ、戦争違法化の原則を掲げつつも、最終的には武力に訴える仕組みを維持したのです。日本国憲法九条は、そのような武力による平和保障とは基本的な考え方において看過できない相違点・断絶面をもつものであり、西欧立憲主義をひとつ上の高みへと進展させる選択をしたものです。平和的生存権は、こうした平和憲法の不可欠の構成要素としての位置にあるといえます。

（2）平和的生存権の日本国憲法への導入

①世界大戦と平和的生存権思想

近代立憲主義における平和と人権の関係をめぐる考え方は、むしろ、戦争をおこなうことは主権国家の正当な権利であって、個々の国民は、戦争をやめさせる等の権利を法的にはもたないとし、また、憲法が国民に保障する基本的人権が妥当するのは平時のみであって、戦時における制限・剥奪は当然であるとするのが一般でした。

このような状況を大きく変容させたのは、二〇世紀の、とくに二度にわたる世界大戦です。この、現代における戦争は、兵器の飛躍的な「発達」によって総力戦化し、とりわけ核戦争による戦争は、絶滅的な殺戮・破壊をもたらすものとして、戦争と人間の自由および生存との両立の絶対的不可能を人々に教えるものでした。また、このような意識がもたらされたについては、とくに第二次大戦がファシズムを体制としていた日独伊の枢軸国によって引き起こされたという事実が重要です。すなわち、この大戦は、国民主権を破壊し人権を抑圧するファシズムこそ侵略戦争の根源であることを、世界の一〇〇〇万単位の多数の人々に与えた計り知れない惨禍をとおして、具体的かつ冷厳に実証しました。それゆえ、戦争を阻止し平和を実現するためには、国民主権の原理と人権保障の原理が国際的にも国内的にも確保されていなければならないことが、戦後立憲主義の共通認識となったといえます。この国民主権（民主の原理）と基本的人権保障（自由主義）は、合流して広義の民主主義を形成しているのですが、その意味での国内の民主主義と国際的な平和の不可分性が、近代公法を現代的に進化させる原則となったのです。

②日本国憲法の「平和的生存権」の源泉

日本国憲法前文の「平和のうちに生存する権利」の規定の源泉が、いずれも一九四一年の、ルーズベルトの「四つの自由宣言」とそれをふまえた大西洋憲章であることは、よく知られています。

ルーズベルトの宣言（一九四一年一月一六日、議会あて年頭教書）は、ファシズムとの戦いにおける政治道徳の理念を示して、「われわれはつぎの四つの必要欠くべからざる人間的自由を理想とし、その基盤の上にたつ世界を築こうとしている。それは、第一に世界のいたるところにおける言論の自由であり、第二にすべての人の信教の自由であり、第三は世界全体にわたる欠乏からの自由であり、あらゆる国家がその住民に健康で平和な生活を保障できるように、経済的結びつきを深めることである。第四は世界のいたるところにおける恐怖からの自由であって、これは世界的規模で徹底的な軍備縮小を行ない、いかなる国も武力行使による侵略ができないようにすることである」としたものです。

これをふまえて、米・英相互間で第二次大戦後の構想を含めて宣言されたのが大西洋憲章（一九四一年八月一四日）ですが、それは、平和と人権についての明確な認識に立って、「ナチ暴政の最後的撃滅の後に、両国はすべての国民が、各々みずからの領土内で安全な生活をいとなむための、またこの地上のあらゆる人間が、恐怖と欠乏からの自由のうちにその生命を全うするための保証となる、平和を確立することを願う」と謳ったものでした。この文書こそ、日本国憲法の平和的生存権規定の制定にあたって大いに参考にされたといわれるもので、その直接の原型であることが確認できます。

この「四つの自由」宣言と大西洋憲章の原則は、一九四五年の国連憲章（一条三項が「国際連合の目的」の一つとして、「経済的、社会的、文化的又は人道的性質を有する国際問題を解決するについて、並びに人種、性、言語又は宗教による差別なく、すべての者のために人権及び基本的自由を尊重するよう助長奨励することについて、国際協力を達成すること」を掲げる）を経て、四八年世界人権宣言、六六年国際人権規約に受け継がれています。すなわち、世界人権宣言は、その前文で、「人類社会のすべての構成員の固有の尊厳と平等で譲ることのできない権利とを承認することは、世界における自由、正義及び平和の基礎であ」り、「言論及び信仰の自由が受けられ、恐怖及び欠乏のない世界の到来が、一般の人々の最高の願望」であり、また、「人間が専制と圧迫とに対する最後の手段として反逆に訴えることがないようにするためには、法の支配によって人権を保護することが肝要である」ことを定めています。

そして、一九六六年の国際人権規約は、A規約・B規約ともその前文で、国連憲章と世界人権宣言を受けて、「国際連合憲章において宣明された原則によれば、人類社会のすべての構成員の固有の尊厳及び平等のかつ奪い得ない権利を認めることが世界における自由、正義及び平和の基礎をなすものであることを考慮し、これらの権利が人間の固有の尊厳に由来することを認め、世界人権宣言によれば、自由な人間は恐怖及び欠乏からの自由を享受するものであるとの理想は、すべての者がその市民的及び政治的権利とともに経済的、社会的および文化的権利を享受することのできる条件がつくりだされる場合に初めて達成されることになる」と述べています。

ここにみられる平和と人権の密接不可分性の認識は、その後の、人権にかんする国際的な取極めや決議を大きく貫くものであるといえます。

③平和的生存権保障の先進性

日本国憲法の平和的生存権保障は、以上のような国際動向の中で成立したものです。その点で、この権利保障は、平和主義原理全体がそうであるように、立憲主義の発達史を継承する普遍的な性格をもつものであるということができます。同時に、各国の憲法典レベルでは、日本のような形でこの権利を実定化したものは他には見当たらず、日本国憲法がこれを実定的に規定した最初のものであると解され、そこに重要な先進性が認められるわけです。

そして、内容的にも、わが国憲法の場合、九条が戦争および戦争準備と軍備とを全面的に否認する法制度を設け、それに対応する形で前文において主観的権利としての平和的生存権が定められており、この両者が一つの事柄（平和主義）の二つの側面を形づくる姿で体系的構造が組み立てられています。しかも、この権利は、一三条を媒介にして第三章の諸権利の中で具体化されており、このようにして、憲法上、完結した形で保障されています。それによって、わが国では、戦争と軍備の法的否認にもとづく人権保障の憲法体系が生み出されたわけですが、それは、ほかならぬ日本国民自身が味わった悲惨な戦争体験——住民を巻き込む大規模な地上戦としての沖縄戦、広島・長崎の原子爆弾の被爆を含む——に根ざしています。そこにおいて、平和による人権保障を目指す戦後世界共通の理想が、はじめて一国の憲法という具体的な実定法の形で実現をみた、ということができるのです。

国際的流れとの対比でいえば、先に掲げた大西洋憲章が、引用末尾の個所で、「平和を確立することを願う」としていた、その「願い」にあえて「権利」という概念を充てたところにわが国憲法前文の固有の意味が認められます。つまり、憲法前文は、「恐怖から免かれる権利」（一九世紀に広く実定化された自由権）および「欠乏からか免れる権利」（二〇世紀の社会権）から進んで、二一世紀的人権としての「平和のうちに生存する権利」（〝第三世代の人権〟とも呼ばれる）を先取り的に定めたもので、そのようにして、日本国憲法は、伝統的な国家の自衛権に代えて国民（人民）の平和的生存権を、国際社会に対してとるべきわが国の姿勢の根本に据えたものということができるのです。

このようにして、日本国憲法の戦争放棄・軍備撤廃の宣言と一体のものとしての平和的生存権の保障は、現代世界の普遍的な平和への努力の到達目標を先取りしたモデルである、ということができ、そこに巨大な歴史的意義が認められます。そして、この権利は、広範な可能性をもつものですが、それについては、項を改めて確認しておくことにしましょう。

2　日本国憲法における平和的生存権の豊かな規範内容

（1）権利構造の全体像

①平和的生存権の規範としての性格

平和的生存権は、前項で要約的に述べたとおり、人類の平和を希求する努力の中で誕生したものであって、自然権に下支えされつつ、実定法上の権利化された部分と、なお現在生成の途上にある部分とを含み、法と政治の双方の領域にまたがる包括的な権利であるといえます。つまり、それは、法的規範のなお希薄な部分から、裁判規範性を明確に獲得している部分までの多様な層から成る、総合的・複合的な権利でもあります。したがって、こうした平和的生存権の包括的な内容を体系立て、それをとおしてその規範としての意味を明確にすることが求められ、その試みが、すでに各方面からなされています。

まず、平和的生存権を広狭二義で捉えて、それぞれの権利内容を分説する立論です。すなわち、「平和のうちに文字どおり生存する権利それ自体を意味する狭義の平和的生存権」は、「戦争や軍隊によって自己の生命を奪われない権利、あるいはそれによって生命の危機にさらされない権利のことであり、これには、とりわけ理由のいかんにかかわらず（したがって、良心にもとづくと否とを問わず）徴兵を拒否する自由が含まれることになる」のに対して、「戦争の脅威と軍隊の強制から免れて平和のうちに生活し、行動することができる権利を意味する広義の平和的生存権」は、「戦争や軍隊あるいは総じて軍事目的のために個人の財産を強制的に収容されない権利、あるいは軍事目的のために表現の自由を侵害されない権利等々が、これに含まれることになる」とします。そして、このように二分することで、上記の狭義のものが平和的生存権の「核心的部分」として抽出されます。つまり、これを「中核」とした上で、その「外延」に広義の平和的生存権が存在しているととらえるのであり、「このように構成すれば、平和的生存権の権利内容について、その権利の名称にみあった理解がより容易になると思われる」とするのです。

また、この権利を消極・積極の両側面から整理した試みがあります。それによれば、消極的権利としての平和的生存権は、市民的不服従の自由と抵抗権とから成り、市民的不服従の自由には、良心的兵役拒否権、軍事徴用拒否権、軍事費負担拒否権などが含まれ、他方、抵抗権からは、たとえば軍事秘密についての内部告発行為の違法性阻却などが導かれます。また、積極的権利としての平和的生存権は、公権力の戦争加担を批判すべくそれによって生じた精神的損害に対して慰謝料を請求する権利を意味します。もっとも、戦争加担に対する抗議は、前者の消極的権利の側から構成することもできるが、後者の積極的権利の面でとらえることも可能で、紛争の具体的な形態に即して考えるべきである、といいます。

さらに、平和的生存権の「法規範性」と「裁判規範性」の区別をふまえ、それぞれと対応するものとして「憲法上の権利」と「裁判上の権利」という概念を用いる説も注目されます。この「裁判上の権利」としての平和的生存権は、「九条違反の国家行為による三章の人権の直接的侵害に対抗する権利」と「九条の遵守を求める権利」から成り、前者は、「内容が明確化すれば、その裁判的救済は当然に肯定」されるべきですが、問題は後者であって、「通常の訴訟を前提とする場合には、原告適格を限定する考え方をするほうが無理がないであろう」と論じています。

そして、本書でしばしば依拠している、平和的生存権の具体的内容をより詳細に分析した研究（深瀬説〔巻末・参考文献『戦争放棄と平和的生存権』〕）は、次のように説いています。すなわち、この説は、「規範性の諸形態」として、次の見取り図を示します。――平和的生存権は、政治的規範（外延部分）と法的規範（中核部分）とから成り、前者は、日本国民および全世界の国民に対して、政治・外交・経済・文化等のあり方についての政治的・立法的指針を示すものであり、後者は、①自然権的法規範性を発揮する場合、②単独の具体的権利にまで凝縮されている場合、③個別的基本的人権保障条項と複合する場合、および、④一定の個別的基本的人権ないし立法の解釈の指針となり、また憲法的保障の実質的具体化としての法規範性を発揮する場合、という四つの「効果発生形態」をもつ、とします。そのうち、①からは、大量破壊（集団的殺害、核攻撃等）について裁判的・合法的救済がなされないとき、個人的・集団的抵抗権が発生し、②は、裁判所に出訴して救済を求める根拠となりえ、③の個別条項との結合から、たとえば徴兵制や軍機保護重罰が違憲となる、等の効果が発生し、また④の場合の具体化立法の侵害は平和的生存権の侵害を構成する、と説明されています。

――以上に例示的に挙げた先行業績に共通しているのは、平和的生存権が包括的・複合的な権利であることを認め、それを前提として、裁判規範となりうる部分を確定していこうとする態度です。私もこうした考察の観点を共有しており、そしてこの権利の包括性・複合性に改めて積極的な評価をしようとするものです。

②平和的生存権の構造

上記のうち、私は、とくに深瀬説に注目するものですが、同説が平和的生存権の構造を「中核」と「外延」に分けて説明した、その「外延」ということばを――それは一般に「内包」に対応することばとして使用されることを考慮してこれを避けて――「周辺」と置き換えた上で、次のように考えています。すなわち、この「周辺」部分が、政治的・立法的指針を示す政治的規範とされるものであり、平和的生存権がこの意味での規範としての性格をもつことについては、異論の余地がありません。問題は、法的規範とされる「中核」部分であって、同説では、これが、すでに紹介したとおり、①自然権的法規範性を発揮するもの、②単独の具体的法的権利として機能するもの、③個別の人権と結合して権利性を発揮するもの、④個別の人権および下位法の解釈と具体化法の立法との基準として機能するもの、という四種類として提示されていたのですが、これを、「周辺」に近いところから順に位置づける形で、私なりに四つの層に整理し直します。

まず、「周辺」に最も近い第一層に置かれるものは、憲法本文の各条文および下位の関係法令の解釈基準となり、また具体化法令を立法する際の基準となる部分（深瀬説の④）です。この部分が、このような意味・内容において裁判規範として扱われうることには問題がありません。つぎに第二層は、集団的なジェノサイドや核兵器使用を裁く規範となる部分（深瀬説の①）です。人類と平和に対する犯罪を構成するものとして、関係国家の裁判所および国際法廷の双方において断罪されるべきこれらの行為は、平和的生存権の存立それ自体を破壊するものです。この層の裁判規範性は、明白です。また第三層は、他の個別の人権と結合しうる場合（深瀬説の③）であって、たとえば、平和的生存権が一八条の「奴隷的拘束・苦役からの自由」と結びついて「徴兵されない自由」が導き出され、あるいは一九条の「思想・良心の自由」と結合していわゆる「良心的兵役拒否」の権利が形成されます。このような場合、結合の相手の一八条なり一九条は、すでに具体的な裁判規範なのですから、それらと一体となって裁判規範性を発揮するとみることができるでしょう。したがって、この層も問題がありません。最後の第四層は、平和的生存権が他の人権と結びつきえない領域において、独自で主張されるものであり（深瀬説の②）、いわば核心中の核心にあたります。すなわち、従来の人権ではカヴァーできない事柄について、平和的生存権を独自の人権として取り扱い、単独にその意義を主張する場合です。この場合もはたして裁判規範としての性格をもちうるか否か、これこそが平和的人権の裁判規範性をめぐる最大の問題であると考えます。

この点にかんして、深瀬説では、平和的生存権の裁判規範性を主張する場合、その「権利」の特定性に配慮して、それが裁判所をとおして実現される実体的権利として成立しうるかというテーマと、現行訴訟制度を前提にした場合に訴えの利益を肯定する根拠として援用されうるかというテーマとが区別してとりあげられ、そして、いずれについてもきわめて厳格な要件の下に、その可能性が肯定されています。すなわち、前者については、圧迫が「具体的に」集中し「重大な」恐怖と欠乏状況に追いつめられた場合、という厳しい限定を付した上で、かつ、国家に一定の政策遂行を義務づける訴訟類型を自覚的に避け、「差し止め請求、妨害排除請求、行政処分執行停止、取消訴訟、国家賠償請求訴訟」による救済がなされうる、としています。また、後者については、平和的生存権の一般的侵害を理由とした出訴は具体的立法がない限りなしえない、という現行訴訟法制から導かれる見解をふまえつつ、侵害の危険性が重大かつ根本的であり、また具体的条件や範囲が一定の特定性をもつ場合には、具体的立法がなくても平和的生存権を訴えの利益の根拠としうる、と論じているのです。

このような見地（深瀬説）に立つとき、ひとつに、平和的生存権が単独の権利として主張される場合（私のいう「第四層」）も含めて、この権利が裁判規範たりうるものであることが肯認されます。すなわち、こうした権利の構築にあたっては、つねに謙抑的な姿勢を保持し、権利を硬質で確かなものとして提示することが必須ですから、「第四層」を裁判規範として持ち出すにあたっては、むしろ、上に述べたような厳しい限定を積極的に付すべきですが、その場合でも、政府の九条違反の戦争加担行為によって国民の平和に生きる環境が極端に圧迫され、それゆえに平和的生存権が重大な侵害を被っている状況の下では、この権利自体を裁判上救済されるべき実体的権利として扱うことが否定されてはならないのです。また、もうひとつの、現行訴訟法制を前提とした原告適格の問題についても、憲法上の権利の侵害は適切な訴訟類型を創出してでも救済されるべきであることに加え、現行訴訟法によってでも、平和的生存権に拠る訴訟は、各訴訟の提起に求められる要件が充足されることで成立可能となるといえます。

このようにして、訴訟との関係では、この第四層が大きな論点となります。同時に、それに至る第一から第三の各層、さらに「周辺」も含め、平和的生存権のすべてのレベルにおける機能が、この裁判規範性を支えているということができます。私のこれまでの平和的生存権研究(『平和的生存権の弁証』〔巻末・参考文献〕)は、裁判規範性の弁証に力点を置くことに偏していたきらいがあります。今、改めて、この権利の構造全体を視野に入れる考察態度を重視しようと考えています。

(2) 権利保障の具体的な態様――自由権・参政権・社会権としての機能

平和的生存権保障のさらに具体的な態様について、ここでも、先駆的学説である深瀬説に依拠しつつ整理しておきたいと思います。

①極限状態における平和的生存権の諸態様

ひとつは、平和的生存権の全面的・根本的ないし集中的な破壊・侵害という極限状態からの保護・救済ですが、代表的事例は次のものです。

(ⅰ) 原水爆の被爆。これはいうまでもなく、質量ともに現代戦争の絶滅的性格を示し、放射能によって永続的に被爆者の生存と生活の全面にわたって破壊的効果を及ぼします。平和的生存権侵害の極限状況です。それゆえ、憲法の平和的生存権保障原則は、政府に対して被爆者援助の立法を義務付けているということができ、著しく不備な立法や行政上の措置は、平和的生存権の極端な侵害を救済するのに欠けるものとして違憲確認訴訟の対象にもなると解されます。そして、根本的解決のためには、核兵器の廃絶こそが課題です。

（ii）戦争・軍事的圧迫の集積。すなわち、戦争の被害が迫り、あるいは軍事集団の演習や行動によって、砲撃等による危害と騒音、破壊殺傷事故の危険、有害物質の撒布、経済的不利益の強制、環境の荒廃、軍事的調査・内偵等による常時監視体制下の精神的圧迫等が集積されたとき、その実害を被る個人・団体は、平和的生存権の重大な侵害を主張して裁判所に出訴し、損害賠償さらにはそのような軍事的各行動の差止めを請求することができる、と解されます。

②日常的な平和的生存権の諸態様

もうひとつは、上記のような極限にまでは至らない、日常的な平和的生存権の保護・救済の諸態様であり、その具体的な現れ方は、つぎのようになります。

（i）自由権的態様。すなわち、戦争・軍備・戦争準備からの自由としての権力的侵害抑制を排除する権利として機能します。たとえば、とくに、徴兵制は、奴隷的拘束および苦役からの自由（一八条）、思想・良心の自由（一九条）、居住移転・職業選択の自由（二二条）、個人の尊重（一三条）とともに平和的生存権を侵害します。特定秘密保護法は、表現の自由（二一条。知る権利、取材・報道の自由）、学問の自由（二三条）、プライバシーの権利（一三条）、適正手続の権利（三一条）等と複合する平和的生存権と相容れません。軍事的・好戦的教育や研究を強制することも、平和的生存権の文化・教育・学問の領域における侵害（二三条、二六条等）として違憲となります。また、国防・軍事目的のために、私有財産、土地ないし財産的諸権利を強制的に収用ないし徴用することは、財産権の保障（二九条）に反するとともに、平和的生存権の物的・財産的ないし経済的生存の基盤を侵害するものとして違憲であり許されません。

（ii）参政権的態様。平和的生存権は、戦争・軍拡に反対ないし抵抗し、また平和な世界をつくりだすため、国家行為に能動的に参加ないし影響を及ぼす権利として機能します。すなわち、選挙権とその行使、政党の結成と活動、請願、結社・集会、市民運動を含む集団行動（一五条、一六条、二一条、二二条、四四条等）において、戦争や軍事力強化に反対し、平和を要求する行為は、いかなる不利益も受けてはならず、平和的生存権擁護に資するものとして保護されます。なお、裁判については、平和的生存権の侵害に対して違憲訴訟を提起する権利（三二条）を活用することによって平和的生存権を司法的に担保することができます。また、もとより、国民は軍事的裁判に服することはありません（七六条二項参照）。

（iii）社会権的態様。国民・住民が国・地方公共団体に対し、その公権力の積極的発動により、よりよい平和的生存の確保・拡充措置を執ることを求める請求権的権利としての機能です。たとえば、労働基本権を軍事目的のために抑制することは許されず（二七条、二八条）、また、戦争の現実を知り、戦争や軍拡を防ぎ、平和を創造するための教育・研究は、平和的生存権の実現に不可欠のものとして推奨・支援されます（二三条、二六条。なお二五条）。原爆被災者その他戦災者、軍事行動・演習による犠牲・損害を被った人々や、環境破壊に対する救済・

扶助等は、平和的生存権の要請するところです。そして、国際的にも、人々を貧困と差別、抑圧から保護して平和な環境を確保しようという積極的平和への貢献は、平和的生存権保障を憲法に定めた国家の責務です。そうであるなら、これらの立法・行政努力からの逆行ないし著しい懈怠《けたい》は、違憲訴訟の対象となるといえます。

――こうした考察をふまえて、深瀬説では、平和的生存権に、つぎのような、様々な要素を盛り込んだ定義を施しています。すなわち、「戦争と軍備および戦争準備によって破壊されたり侵害ないし抑制されることなく、恐怖と欠乏を免かれて平和のうちに生存し、またそのように平和な国と世界をつくり出してゆくことのできる核時代の自然権の本質をもつ基本的人権であり、憲法前文、とくに第九条および第一三条、また第三章諸条項が複合して保障している憲法上の基本的人権の総体である」（『戦争放棄と平和的生存権』〔巻末・参考文献〕二二七頁）というものです。もとより、実定法上の権利としての平和的生存権の定義には、他の仕方もありえますが、私は、そこに込められた豊かな各要素に改めて注目し、これを今こそ重視してその活用可能性を探ろうとするものです。

③平和的生存権の各態様の法思想史的意味

先に掲げた平和的生存権の各態様のうちで、これまで重視されてきたのは、主として自由権的態様、すなわち、九条違反の国家行為に対する差止め、またそれによる被害の救済を求める損害賠償請求訴訟での機能でした。しかし、とくに、二〇一五年成立の「安保法制」という、立憲主義自身を倒壊させた希代の法レジームとのたたかいを課題とするとき、あらためて平和的生存権の全体像をつかみなおし、その可能性を汲みとることが求められているように思われます。もっとも、平和的生存権にかんするこうした課題意識は、つとに、幾人もの論者によって共有されていたものです。

たとえば、山下健次の一九九八年の論稿（巻末・参考文献参照）は、世界の平和学進展のなかで提起された「構造的暴力」解消の課題が日本の平和憲法学に導入された状況を受けて、平和的生存権について、制限・禁止規範としての側面だけでなく、積極的授権規範的性格に注目する必要性を強調した上で、憲法前文第二段末尾の文言のもつ法思想史的意味を再確認しています。すなわち、山下は、樋口陽一（巻末・参考文献参照）の、人権発展史の流れを、「恐怖から免かれる」権利＝自由権、ついで「欠乏から免かれる」権利＝社会権、そして「平和のうちに生存する権利」への展開としてうけとめ、先行して実定法化された自由と生存への権利も、平和が確保されてこそ初めて享受されることを明らかにしたものであるとの指摘を重視します。また、山下は、杉原泰雄（巻末・参考文献参照）が、近代市民憲法の課題＝自由権の保障、現代市民憲法の課題＝社会権の保障を受けて、現在の人権保障の最大の課題として平和を位置づけているのも同趣旨と受けとめます。それをふまえて、この三つの権利を歴史的・法思想史的に、かつ分節的にとらえた上で、相互の必然的関連構造を強調します。そして、前文の当該文言の定める自由・生存と平和の権利を、構造的暴力解消に向けた積極的政策の基本原理とすべきである、と説いていたのです。

なお、私も、二〇〇八年刊行の深瀬を代表とする共同研究に寄せた小稿（巻末・参考文献『平和憲法の確保と新生』所収論文）において、つぎのように述べたことがあります。すなわち、日本国憲法の定める平和的生存権は、世界の全人民（all peoples of the world）が、「恐怖と欠乏から免かれ」るという積極的・構造的な内容をもつ平和を享受しうることを権利として保障し、その実現のために平和的手段による国際活動を、自発的・能動的に努めることを誓ったものである。したがって、この平和的生存権に嚮導《きょうどう》された日本国憲法の国際協調主義の理念は、本来的に全人類的広がりをもつものといえる、と。――これらの議論を土台としつつ、今、安保法制から平和憲法をとり戻すためにも、平和的生存権のもつ可能性を総合的に追究することが求められているといえます。

（3）平和的生存権の裁判規範性

憲法前文に置かれた平和的生存権がいかなる法的性格をもつかについては、まず前文自体について論じられますが、前文の性格は、各国憲法それぞれに即して判断しなければなりません。日本国憲法の場合、それは、憲法典全体の指導理念を明らかにし、少なくとも、憲法本文を解釈する場合の基準、また、立法がなされる場合の準則を示したものとして、憲法典の一部を成しています。またそれゆえ、前文の改正も、当然に九六条の改正手続に拠ってなされます。前文がそのような次元において本文と同一の法規範性をもつものであることは、今日では、判例・学説双方において異論なく承認されているところです。

議論があるのは、前文が上記のレベルでの法規範性を有することを前提にしつつ、それがさらに裁判規範としての性格を備えたものであるか否か、すなわち、裁判所が直接に前文を適用して法律・命令などの合憲性を判断しうるかどうかの問題です。それはまた、憲法八一条が「憲法に適合するかしないかを決定する権限」を裁判所に与えているときの「憲法」の一部であるかどうかという問題である、とも言い換えることができます。この問題は、実際には、ほとんどもっぱら平和的生存権の裁判規範性の存否をめぐって論じられてきました。従来の憲法学説は否定説が多数でしたが、今日では肯定説も有力です。裁判例では、長沼訴訟第一審判決（札幌地裁一九七三年九月七日）が裁判規範性を認めた以外は、同じ長沼訴訟の控訴審判決（札幌高裁一九七六年八月五日）、百里基地訴訟第一審判決（水戸地裁一九七七年二月一七日）・控訴審判決（東京高裁一九八一年七月七日）・上告審判決（第三小法廷一九八九年六月二〇日）などは、いずれも裁判規範性を認めてこなかったのですが、自衛隊イラク派兵訴訟の二〇〇八年名古屋高裁判決（二〇〇八年四月一七日）が明瞭にこれを肯定し、重要なインパクトを与えました。

すなわち、この名古屋高裁判決については後に（第二章2で）くわしく取り上げますが、平和的生存権を「すべての基本的人権の基礎にあってその享有を可能ならしめる基底的権利」であるとし、「具体的権利性（上記の「裁判規範性」と同じ――引用者）」が肯定される場合がある」ことを認め、「憲法九条に違反する戦争の遂行等への加担・協力を強制されるような場合には、…裁判所に救済を求めることができ、…その限りで、平和的生存権には具体的権利性がある」と明言しました。そして、抽象的概念であること等を根拠に権利性を否定してきた従来の見解について、「平和的生存権のみ、平和概念の抽象性等のためにその法的権利性や具体的権利性が否定されなければならない理由はない」として斥けています。また、その翌年に出された、同じく自衛隊イラク派兵訴訟の岡山地裁判決（二〇〇九年二月二四日）も、前文二項で「平和的生存権が『権利』であることが明言されていることからすれば、その文言どおりに平和的生存権は憲法上の『権利』であると解するのが法解釈上の常道であり、また、それが平和主義に徹し基本的人権の保障と擁護を旨とする憲法に即し憲法に忠実な解釈である」としています。――このような論立ては、規範に忠実な、正当な解釈であるということができます。

消極説は、平和的生存権が具体的権利性（裁判規範性）に欠けるとして、裁判上の救済の対象となる権利ではないとします。とくに、この種の訴訟において国側は、十年一日のごとく、「平和的生存権は、その概念そのものが抽象的かつ不明確であるばかりでなく、具体的な権利内容、根拠規定、主体、成立要件、法的効果等のどの点をとってみても、一義性に欠け、その外延を画することさえできない、極めてあいまいなものというべきであって、これに裁判上の救済の対象となる具体的権利性を認めることはできない」という論法を繰り出しています。そこで、この国側主張のいう「具体的な権利内容」から始まる構成要素の各項目について、その具体的特定が可能であることを、以下、弁証しておきたいと思います。

（４）平和的生存権の法的構造

①平和的生存権の権利内容

平和的生存権の構成要素について、まず、権利内容ですが、平和的生存権の複合的な構造と内容については、本書でしばしば引用している深瀬説によれば、次のように整理されています。すなわち、その周辺部分は政治と立法に対する指針となる政治的規範であり、核心部分は法的（裁判）規範です。そして、この法的規範は、（ⅰ）大量虐殺行為などを裁く規範として、（ⅱ）憲法各条項と下位法の解釈基準として、（ⅲ）憲法上の個別の人権と結合して、それぞれ裁判規範性をもつほか、（ⅳ）独自の権利、つまり他の憲法第三章所掲の既存の人権と結合しえない場合でも、平和的生存権単独で機能する。平和的生存権の裁判規範性が最も鋭く問われるのはこの場面であるが、それに対する侵害の危険性が重大かつ根本的で、かつ、範囲が特定されているならば、裁判規範性を発揮しうる、と説いています。

こうした論旨に、私も、基本的に同調します。ただ、第三章の諸人権中で一三条「幸福追求権」の位置付けに格別に留意すべきであるとするのが私見です。すなわち、同条の個人尊重の原理にもとづく幸福追求権が、個別の人権の一つであるとともに、他の諸人権を支える基盤的人権であり、第三章に列記されていない人権についてもその根拠となる一般的・包括的な権利であることにかんがみると、平和的生存権をも広く包摂・受容しているものと理解すべきであると考えます。したがって、先のように、九条違反行為が（一三条以外の）個別の人権の侵害を惹起《じゃっき》していないという場面でも、平和的生存権のみを援用するのではなく、一三条の権利をとりあげ、これが平和的生存権とともに侵害されているとして、両者を一体的に主張する、という論立てがより説得的であると思われます。ただし、この場合、一三条の包括的人権が第三章の各人権を補充する役割を担うものであることに留意しなければならないことから、平和的生存権との関係においても、平和的生存権を主体的に位置付け、副次的に一三条の権利で補うという構成が妥当である、と考えるものです。

その場合、深瀬説が強調していたとおり、平和的生存権侵害の重大性・根本性および範囲の特定性という要件が不可欠です。この点で、米軍基地爆音訴訟では、まさに、基地周辺住民の平和的生存権への侵害は人間の尊厳の破壊にまで至る重大で根本的なものであり、かつ、その範囲は、とくに騒音被害を受けている住民の特定は客観的・数字的にも明確です。したがって、平和的生存権を裁判規範たる権利として扱うことに欠けるところはない、といえるのです。

なお、この点で、基地爆音訴訟や自衛隊派兵訴訟で被告国が依拠する裁判例・学説の引用法には、深い疑問を呈さざるをえません。

まず、百里基地訴訟最高裁判決についてですが、国側がその中から引くのは、「上告人らが平和主義ないし平和的生存権として主張する平和とは、理念ないし目的としての抽象的概念であって、それ自体が独立して具体的訴訟において私法上の行為の効力の判断基準になるものとはいえ（ない）」という部分です。しかしながら、この判決は、平和的生存権の権利性自体について判断したものではありません。同判決の射程は、そこにいう「平和」は私法上の行為の効力の判断基準とならない、というにとどまっているのであって、平和的生存権が他の場面でいかに働きうるかについて何ら触れていないのです（なお、国側は、同判決についての小倉顕・最高裁調査官による、「平和的生存権を何らかの憲法上の人格権としてとらえようとする学説があるが、本判決は、これに消極的評価をしたものといえよう」とする解説〔『最高裁判所判例解説民事編平成元年度』〈法曹会・一九九一年〉〕を引用していますが、同判決の射程範囲は上記のとおりのものですから、この解説はそれを正解したものとはいえません）。そして、もともと、平和的生存権の裁判規範性を肯定する学説は、「平和」についてそれのみを独立させて扱ってはいません。前文の平和的生存権を、とくに九条、また第三章各条項と結びつけることで、その権利内容を具体化して論じているのです。

また、国側の、学説への参照方法も正当なものではありません。取り上げられているひとつは、伊藤正巳著『憲法（第三版）』（弘文堂・一九九五年）ですが、この書物は、問題のテーマを十分に解明したものではありません。すなわち、「〔平和のうちに生存する〕『権利』をもって直ちに基本的人権の一つとはいえず、裁判上の救済がえられる具体的権利の性格をもつものと認めることはできない」との結論を示しただけのものです。それに至る考察は、主として判例（否定的見解に立つものとする、長沼訴訟控訴審、百里基地訴訟第一審、同控訴審、同上告審各判決およびこの最後者に付された自身の補足意見）を引用することで代える、という論旨になっていて、肯定説との対論をとおして否定の見地を弁証しようとしたものではありません。

もうひとつに、佐藤幸治編著『要説コンメンタール憲法』（三省堂・一九九一年）を「同旨」として挙げていることについても、引用の不適切さを指摘せざるをえません。準備書面は、おそらく、「〔平和的生存権が〕直ちに司法的強行性になじむだけの具体性・個別性を備えているかとなると難しいところがある」との叙述（佐藤執筆部分）を念頭に置いているのでしょうが、この論者の説くところは、それほど単純ではありません。すなわち、同教授は、二〇一一年四月二〇日に公刊した、二〇一四年の嘉手納基地爆音訴訟などでは国側も十分参照できたはずの『日本国憲法論』（成文堂・二〇一一年）において、国側引用の書物より遥かに詳細に論じています。そこでは、平和的生存権について、今は直ちに肯定することは難しいとしつつ、「この『権利』をもって『法的権利』さらには裁判所において実現可能な『具体的権利』とみることができるかどうかは、該『権利』が特定明確な内実をもつものと捉えることができるかにかかっている。もしこの点が肯定されうるとすれば、一三条の『幸福追求権』の一内実として補充的保障の可能性が追求されるべきことになる」と述べています。これは、けっして、単純な否定論ではありません。むしろ、平和的生存権の生成への期待をものぞかせた立論であるというべきです。

総じて、このテーマにかんする国側主張は、ステレオタイプであるにとどまらず、法の運用者としての国の怠慢を示すものであるとの謗《そし》りを免れないでしょう。国側代理人は、もとより訴訟の一方の当事者ではありますが、同時に公益の代表者としての役割を誠実に果たすべき義務を負っている者であることを常に肝に銘じておくべきであると、私は考えます。

②平和的生存権の根拠規定、享有主体、成立要件、法的効果

以上のような検討をとおして、平和的生存権が裁判を成り立たせるに十分な具体性をもつ権利であることの弁証につとめてきましたが、国などは、訴訟ではさらに、根拠規定、享有主体、成立要件、法律効果（法的効果）などの諸点も不明確であると主張しています。それらは、すべて明確性に欠けたものではないのですが、順に説明しておきます。

（ⅰ）平和的生存権の実定憲法上の根拠は、日本国憲法前文第二段末尾の規定が「平和のうちに生存する権利」を、国民の、まさに「権利」として明文で定めているところに求められます。これは、きわめて見やすい規範上の根拠です。そして、この「権利」が、権利としての具体性、つまり裁判規範性をもつものであることは、すでに述べたとおりです。

この前文に規定された平和的生存権の憲法構造全体の中での位置を探るなら、九条が戦争の放棄と武力の不保持を政府に命じていること、そして第三章が個別の人権を保障していることが、改めて確認されます。とくに、日本国憲法が、伝統的には統治機構の一部である「戦争の放棄」を第二章として、人権と統治機構に先行させているところに示されているように、戦争の放棄を人権と民主主義の前提条件と位置づけた構造を採用していることが重視されます。

そこで、主観的権利としての平和的生存権は、客観的制度規定である九条と結びついて、九条に違反して政府がおこなった政策に対して、国民個々人がそれを平和的生存権侵害であるとして訴訟提起をする道が開かれることになります。その場合、「平和のうちに生存する権利」にいう「平和」は、ほかならぬ日本国憲法自身、何よりも九条によって特定の意味、すなわち

戦争放棄・軍備不保持・交戦権否認という規範的意味を充填された「平和」ですから、九条違反の政府の政策がおこなわれたとき、それは即、平和的生存権を侵害したものと評価されます。他方でまた、平和的生存権は、第三章の人権と結びつきます。とくに一三条と一体的関係にあることは先に述べたとおりですが、個別の人権としては、たとえば、一八条との結合で徴兵からの自由が導かれ、また、一九条との連結の中から良心的兵役拒否の自由が創出され、二五条の生存権を支えるところから軍事徴用を受けない自由が形成される等々の、各人権の基礎にある規定的人権として機能する、と考えることができるのです。

（ii）平和的生存権の享有主体については、日本国憲法前文が、「全世界の国民」が平和のうちに生存する権利を有する、と定めていることをめぐって学説が分かれています。すなわち、平和的生存権の主体は個々の国民であり、この権利は国民の基本的人権そのものであるとする見解、この権利を主として民族的な基本権あるいは日本民族の基本権と捉える見解、および、これを一方では民族あるいは全体としての国民、すなわち国家を主体とする対外的な基本権であるとともに、他方では国民の国家に対する人権そのものであるとする見解、です。

このうち、第一の見解が多数説です。というのも、すでに述べているように、憲法は「人権としての平和」という考え方に立って、平和的生存権を政府に対して主張される基本的人権として位置づけたものであり、そのことからすでに、享有主体は国民個々人であると見るのが妥当であるといえます。私見も、これを採ります。もっとも、第二および第三の見解に立つ論者も、対外的な関係においては民族を享有主体と考えつつ、対内的関係では国民個々人であるとの、実質的に第一説と同旨の見地に立つものであり、結局三つの説に決定的な対立はないといえます。
（iii）平和的生存権の成立要件については、それが成立の背景的要素という問題であるなら、平和的生存権は、長い歴史の中で、各種の国際条約や国連憲章、各国憲法の中で徐々に生成発展し、確立してきたもので、日本国憲法成立後に採択された国連決議等でも確認されている権利であって、その成立を疑うことはできません。
他方、平和的生存権侵害が生ずるのはいつかという問題であるのなら、前述のように、この権利と九条の一体的関係にもとづいて、九条違反の国家行為がなされたときに権利侵害が発生する、と解することができます。こうして、権利の成立要件や権利侵害の発生要件について、不明確ないし不透明な点は見出しがたいのです。
（iv）そして、平和的生存権を裁判上主張することによって生じる法律効果（法的効果）ですが、外国軍隊の駐留を許容し、基地を提供する日本政府の行為は、その根拠となっている安保条約・地位協定とともに、憲法九条に明白に違反し、平和的生存権を重大かつ根本的に侵害するものであるため、国家賠償請求のほかに、差止めの請求をすることもできるといえます。
以上のとおり、「平和のうちに生存する権利」については、その外延・内包、つまり権利内容・憲法上の根拠・享有主体・成立要件・法律効果（法的効果）などのいずれの点をとっても権利としての具体性に欠けるところはなく、裁判規範性を具えた平和的生存「権」である、と結論することができる、と考えます。そこで、つづいて、この平和的生存権がこれまでどのように活かされてきたのかを振り返り、これからの可能性を考えたいと思います。

第二章　平和的生存権の可能性

1　平和的生存権論のあゆみ

(1) 憲法制定当初は注目されず。恵庭裁判での主張、長沼裁判による受容

前文の「平和のうちに生存する権利」の文言は、実は、日本国憲法制定の当初は、ほとんど注目されていませんでした。一九四六年の憲法制定議会（第九〇回帝国議会）でもこれをめぐっては一件の質疑があったにすぎず、また、一九四八年初版の、本格的な憲法注釈書（法学協会編『註解日本国憲法』〈有斐閣〉）も、理想の宣言ととらえるにとどまっていました。

日本国憲法は、軍国主義への深い反省と平和国家の建設、また世界平和の達成への強い情熱をもって誕生しました。わが国は、軍隊と武器、軍事施設を一切保持せず、戦争と武力行使を未来永劫に放棄した国として、その戦後史を刻みはじめたわけです。このことからすれば、「平和のうちに生存する」権利を保障することは、基本的には、現にある事態を確認することにほかならなかったといえます。――こうした状況は、一九五〇年の警察予備隊創設、五二年に保安隊、五四年に自衛隊への改編という「再軍備」、および、五二年の旧日米安保条約発

効、六〇年のその改定による日米軍事同盟への傾斜など、わが国の軍事政策の転換の中で変容しました。

平和的生存権が裁判において最初の主張を見たのは、一九六二年末に、陸上自衛隊の演習による被害に耐えかねて起こされた抗議行動が、自衛隊法一二一条の防衛用器物損壊罪に問われた恵庭事件においてです。この裁判で、特別弁護人の任を引き受けた深瀬忠一は、平和的生存権が司法的救済手段によって裁判上保障されるべき人権にほかならないことを、学理をもって論じました（『恵庭裁判における平和的生存権の弁証』〔巻末・参考文献〕）。しかし、札幌地裁判決（一九六七年三月二九日）は、自衛隊の憲法適合性についての判断に入ることなく事案を処理したために、平和的生存権に触れるところはありませんでした。

この権利の裁判規範性をはじめて、かつ積極的に肯定したのは、自衛隊のナイキ・ミサイル基地を設置するために保安林の指定を解除した農林大臣の処分の取消を求めて、地域住民によって提起された長沼訴訟において一九七三年に出された札幌地裁判決（一九七三年九月七日）です。それは、森林法は個別の森林保護の目的を越えて、地域住民の「平和的生存権を保護しようとしているものと解するのが正当である」という立場から、保安林指定の解除処分は、「一朝有事の際にはまず相手国の攻撃の第一目標になる」と考えられる基地設置を目的とするものであるから、これにより「原告らの平和的生存権が侵害される危険があるといわなければならない」と判断し、平和的生存権を根拠にして、住民が処分の違憲・違法を争い、その取消しを求める訴えの利益を肯認したものです。

(2) 判例は長らく平和的生存権否定論が大勢

しかし、裁判所は、この長沼第一審判決ののち、一九七六年から八九年にかけて、くりかえし平和的生存権を否定する判断を出し、最高裁もそれを受容する姿勢を示しました。まず、長沼訴訟の第二審札幌高裁判決（一九七六年八月五日）は、「〔憲法前文〕第二、第三項の規定は、これら政治方針がわが国の政治の運営を目的的に規制するという意味では法的効力を有するといい得るにしても、国民主権代表制民主制と異なり《(ママ)》、理念としての平和の内容については、これを具体的かつ特定的に規定しているわけではなく、前記第二、第三項を受けるとみられる第四項の規定に照しても、右平和は崇高な理念ないし目的としての概念にとどまるものであることが明らかであって、前文中に定める『平和のうちに生存する権利』も裁判規範として、なんら現実的、個別的内容をもつものとして具体化されているものでないというほかない」として、その裁判規範性を否定しました。なお、同訴訟の上告審判決〔最高裁第一小法廷一九八二年九月九日〕は、平和的生存権以外の理由を立てて原告適格を否定し、この権利の裁判規範性には触れていません。

また、自衛隊基地の用地売買契約の有効性が争われた百里基地訴訟では、第一審水戸地裁（一九七七年二月一七日判決）は、「前文第二段にいう『平和のうちに生存する権利』は、その内容が抽象的なものであって、具体的、個別的に定立されたところの裁判規範と認めることはでき」ず、「平和をもって政治における崇高な理念ないし目的」とする本文各条項の解釈基準を示したにとどまる、としました。第二審東京高裁（一九八一年七月七日）は、平和的生存権を、あらゆる基本的人権の根底に存在するもっとも基礎的な条件であるという、注目してよい見解を示しつつも、「その具体的な意味・内容を直接前文そのものから引き出すことは不可能であ」り、またそれは、「一三条のいわゆる『幸福追求権』の一環をなすものであると理解した場合においても同様で」あると指摘した上で、「『平和的生存権』をもって、個々の国民が国に対して戦争や戦争準備行為の中止等の具体的措置を請求し得るそれ自体独立の権利であるとか、具体的訴訟における違法性の判断基準になり得るものと解することは許され」ない、としています。そして、その上告審（第三小法廷判決一九八九年六月二〇日）もまた、平和的生存権として主張される「平和」とは、「理念ないし目的としての抽象的概念であって、それ自体が独立して、具体的訴訟において私法上の行為の効力の判断基準になるものとはいえない」としました。ただ、留意すべきは、この判決は、最高裁が平和的生存権の権利性自体について判断したものではないことです。つまり、同判決の射程は、そこにいう「平和」は私法行為の効力の有効性についての判断基準とはならない、というにとどまっているのであって、平和的生存権が他の場面でいかに働きうるかについて触れているものではないのです。このことは、最高裁が、長沼訴訟で平和的生存権についての判断を回避したことと併せて留意しておきたいと思います。

（3）自衛隊海外派兵の事態の中での平和的生存権訴訟

このような、平和的生存権に対する裁判所の姿勢の消極性は、従来の判例に貫通するものといえますが、ただ、仔細に観察するなら、市民の裁判運動を背景としつつ、積極性を示す裁判例も見出すことができます。とくに、一九九〇年代初頭、湾岸戦争でイラクを攻撃する多国籍軍に対してわが国のおこなった戦費支出、自衛隊掃海艇の派遣の差し止め等を求める「市民平和訴訟」が提起されましたが、そこで出されたいくつかの判決のうち、一九九六年の東京地裁判決（一九九六年五月一〇日）は、注目しておきたい一事例です。すなわち、それは、平和的生存権は差止め等を請求しうる具体的権利ないし裁判規範性を有するそれ自体独立の権利ということはできないとの結論を示しつつも、これに綿密な検討を加えて、「〔政府が〕全世界の国民の平和のうちに生存する権利を確保する…憲法上の…責務に反した結果、基本的人権について違法な侵害抑圧が具体的に生じるときは、この基本的人権の侵害を理由として裁判所に対して権利救済を求めることは可能といえよう」としていました。

そして、二〇〇三年にアメリカ等により起こされたイラク戦争に際しては、これに同調する日本政府が後方支援のために自衛隊を派遣したことに対し、このイラク派兵の差止め等を求めて、「イラク平和訴訟」が全国各地で起こされました。その中で、本件の名古屋高裁判決に先立つ、名古屋第七次訴訟の第一審判決（「田近判決」、名古屋地裁二〇〇七年三月二三日）の論理がとりわけ注目されます。それは、平和的生存権にかんする百里基地訴訟最高裁判決の判断に従いながらも、次のように言います。——「原告が主張する戦争や武力行使のない日本に生存する権利を直ちに具体的権利とみることは困難である。……〔が、〕平和的生存権は、すべての基本的人権の基礎にあってその享有を可能ならしめる基底的権利であり、憲法九条は、かかる国民の平和的生存権を国の側から規定しこれを保障しようとするものであり、また、憲法第三章の基本的人権の各規定の解釈においても平和的生存権の保障の趣旨が最大限に活かされるよう解釈すべきことはもちろんであって、…憲法九条に違反する国の行為によって個人の生命、自由が侵害されず、又侵害の危機にさらされない権利、同条に違反する戦争の遂行ないし武力の行使の目的のために個人の基本的人権が制約されない権利が、憲法上保障されているものと解すべきであり、その限度では、他の人権規定と相まって具体的権利性を有する場合がありうるというべきである」と。

さらに続けて同判決は、人格権侵害の主張については、原告の内心の感情が害されたことをもって人格権の侵害があったということはできないが、しかし、「憲法前文及び九条の法文並びにそれらの歴史的経過にかんがみれば、憲法の下において、戦争のない又は武力行使をしない日本で平穏に生活する利益（かかる利益を平和的生存権と呼ぶか否かは別として）が法的保護に値すると解すべき場合がまったくないとはいえず、憲法九条に違反する国の行為によって生活の平穏が害された場合には損害賠償の対象となり得る法的利益（人格権ないし幸福追求権）の侵害があると認めることもまったく不可能なことではない」とまで踏み込んでいます。

この判決は、長沼一審判決の後この時点までの平和的生存権関係の裁判例の中で、最も水準の高い判決として、原告・弁護団から、裁判長への敬意を込めて「田近判決」と呼ばれるものです。翌二〇〇八年の名古屋高裁判決の陰に隠れたきらいがありますが、憲法裁判史的には、それを準備したものとして、高く評価されてしかるべきであると考えます。

2　二〇〇八年名古屋高裁判決の画期的意義

（1）自衛隊運用の九条一項違反

二〇〇八年四月一七日、日本国憲法の平和主義条項、そして平和的生存権について、画期的な判決が出されました。名古屋高等裁判所が、自衛隊のイラク派兵に対して、差止め、違憲確認および国家賠償を求めていた市民の控訴につき、これらをすべて斥けつつも、傍論の中で、とくに空自による、米軍を主力とする武装した多国籍軍等をバグダッド空港に輸送していた活動は、イラク特措法に違反し、かつ憲法九条一項に違反すると明瞭に断じたのです。そして、平和的生存権が、基底的権利として裁判的救済を受けうる場合のある法的規範であることも明確に認めました。この判決について、国側は勝訴のゆえに上告できず、他方、実質勝訴と評価した市民側は上告しなかったことで、翌月五月二日に確定しています。

まず、九条にかんしては、名古屋高裁判決は、日本政府がイラク特措法（「イラクにおける人道復興支援活動及び安全確保支援活動の実施に関する特別措置法」。二〇〇三年七月二六日成立）にもとづいて派遣した航空自衛隊の活動は憲法九条一項の禁止する「武力の行使」にあたると判断しました。その違憲の論理立ての特徴は、政府の憲法解釈とイラク特措法を前提とした上で、空自のイラクにおける活動をつぶさに実証的に観察し、それの特措法、ひいては憲法からの違背を結論したところにあります。

すなわち、判決は、自衛隊の海外活動に関する憲法九条の政府解釈は、自衛のための必要最小限度の武力の行使は許されること、武力の行使とはわが国の物的・人的組織体による国際的な武力紛争の一環としての戦闘行為をいうことを前提とした上で、自衛隊の海外における活動については、(i)武力行使による「海外派兵」は許されないが、武力行使目的でない「海外派遣」は許されること、(ii)他国による武力の行使への参加に至らない協力(輸送、補給、医療等)については、当該他国による武力の行使と一体となるようなものは自らも武力の行使を行ったとの評価を受けるもので憲法上許されないが、一体とならないものは許されること、(iii)他国による武力行使との一体化の有無は、(ア)戦闘行為が行われているかまたは行われようとしている地点と当該行為がなされる場所との地理的関係、(イ)当該行為の具体的内容、(ウ)他国の武力行使の任に当たるものとの関係の密接性、(エ)協力しようとする相手の活動の現況、等の諸般の事情を総合的に勘案して個々的に判断されること、を内容とするものである、とていねいに跡付けています。

そして、イラク特措法の要となるところを、つぎのようにとらえます。すなわち、同法は、上述のような政府解釈の下で、わが国がイラクにおける人道復興支援活動または安全確保支援活動(「対応措置」)を行うこと(一条)、対応措置の実施は、武力による威嚇または武力の行使に当たるものであってはならないこと(二条二項)、対応措置については、わが国領域及び現に戦闘行為(国際的な武力紛争の一環として行われる人を殺傷しまたは物を破壊する行為)が行われておらず、かつ、そこで実施される活動の期間を通じて戦闘行為が行われることがないと認められる一定の地域(非戦闘地域)において実施すること(二条三項)を規定しているものである、とします。

その上で、空自のイラクにおける活動について、判決は、米軍を中心とする多国籍軍が武装勢力との間で、治安活動の域を超えた国際的な戦闘を惹起していると認識し、それによって、米軍の掃討作戦で多数のイラク民衆が犠牲になったことにも留意します。こうした状況把握を踏まえ、とくに首都バクダッドは、特措法が、自衛隊が活動することを禁じている「戦闘地域」に該当する、と認定します。一方、空自C―一三〇輸送機による輸送対象のほとんどが多国籍軍の要員であり、現代戦においては輸送等の補給活動も戦闘行為の重要な要素であることからすれば、こうした空自の空輸活動は、多国籍軍の戦闘行為にとって必要不可欠な軍事上の後方支援にあたるわけです。したがって、この活動のうち、少なくとも多国籍軍の武装兵員をバグダッドへ空輸するものについては、他国による武力行使と一体化した行動であって、自らも武力行使を行ったとの評価を受けざるをえないことになります。よって、この空輸活動は、政府と同じ憲法解釈に立ち、イラク特措法を合憲とした場合であっても、武力行使を禁止した同法二条二項、活動地域を非戦闘地域に限定した同条三項に違反し、かつ、憲法九条一項に違反する活動を含んでいることが認められる、と結論しました。

このような、自衛隊およびその活動の根拠法（イラク特措法）自身の違憲性（法令違反）は問わず、政府解釈を基準にして対応措置の適用違憲の有無を判定していく手法は、政府側が容易に覆すことのできない、安定した堅固な論理立てだといえます。このようにして、長沼訴訟一審判決以来の、自衛隊にかんする九条違反判決が出されました。もっとも、自衛隊の存在自体を九条二項違反としたものとは異なりますが、九条が、今もたしかな生命力（とくに拘束性）を具えていることを、一項の領域で立証したのです。

そして、このようにして自衛隊の作用を九条違反と判断したことが、平和的生存権の裁判規範性を認めることの論理的前提となっています。そのことを確認して、つぎに進みましょう。

（2）平和的生存権にもとづく訴求の肯認

名古屋高裁判決の画期的意義は、平和的生存権の具体的裁判規範性を疑問の余地なく肯定したところにも認められます。

すなわち、判決は、「憲法前文に『平和のうちに生存する権利』と表現される平和的生存権は、例えば、『戦争と軍備及び戦争準備によって破壊されたり侵害ないし抑制されることなく、恐怖と欠乏を免れて平和のうちに生存し、また、そのように平和な国と世界をつくり出していくことのできる核時代の自然権的本質をもつ基本的人権である。』などと定義され、控訴人らも『戦争や武力行使をしない日本に生存する権利』、『戦争や軍隊によって他者の生命を奪うことに加担させられない権利』、『他国の民衆への軍事的手段による加害行為と関わることなく、自らの平和的確信に基づいて平和のうちに生きる権利』、『信仰に基づいて平和を希求し、すべての人の幸福を追求し、そのために非戦・非暴力・平和主義に立って生きる権利』などと表現を異にして主張するように、極めて多様で幅の広い権利であるということができる」と判断しました。

つづけて、判決は、「このような平和的生存権は、現代においては憲法の保障する基本的人権が憲法の基盤なしには存立し得ないことからして、全ての人権の基礎にあってその享有を可能ならしめる基底的権利であるということができ、単に憲法の基本的精神や理念を表明したに留まるものではない。法規範性を有するというべき憲法前文が上記のとおり『平和のうちに生存する権利』を明言している上に、憲法九条が国の行為の側から客観的制度として戦争放棄や戦力不保持を規定し、さらに人格権を規定する憲法一三条をはじめ、第三章が個別的に基本的人権を規定していることからすれば、平和的生存権は、憲法上の法的な権利として認められるべきである」と述べました。

こうした認識にもとづいて、判決は、「そして、この平的生存権は、局面に応じて自由権的、社会権的又は参政権的態様をもって表れる複合的な権利ということができ、裁判所に対してその保護・救済を求め法的救済措置の発動を請求し得るという意味における具体的権利性が肯定される場合があるということができる。例えば、憲法九条に違反する国の行為、すなわち戦争の遂行、武力の行使や、戦争の準備行為等によって、個人の生命、自由が侵害され又は侵害の危機にさらされ、あるいは、現実的な戦争等による被害や恐怖にさらされるような場合、また、憲法九条に違反する戦争の遂行等への加担・協力が強制されるような場合には、平和的生存権の主として自由権的な態様の表れとして、裁判所に対し当該違憲行為の差止請求や損害賠償請求等の方法により救済を求めることができる場合があると解することができ、その限りでは平和的生存権は具体的権利である」と言い切ったのです。

長沼訴訟第一審判決の場合は、住民が自衛隊のミサイル基地建設で有事の際には攻撃目標とされるという直接的な被害を内容とする平和的生存権の主張を、訴えの利益の根拠として認めたものでした。名古屋高裁判決は、それを進めて、戦争に加担したくないという市民の良心の蹂躙が平和的生存権侵害にあたる可能性をもつことを肯定したものです。つまり、このように判示することによって、平和的生存権を、戦争によって生命・身体が脅威にさらされることを拒否する権利であるにとどまらず、自国による、あるいは他国と共同しての戦争遂行等の違憲行為に加担・協力を強制されるような場合でも裁判所に対して保護救済を求めうる具体的権利であることを確認したのです。——こうした点において、同判決は、それまでの判例の水準に照らして画期的な意義をもち、市民の平和を求める訴訟の地平を大きく切り拓いたものであるといえます。それはまた、日本国憲法が、平和は、国家の政策に委ねられるものではなく、人権と一体となった市民の選択する価値であるとの理念を有する憲法であることを物語っており、ここに、憲法思想史的意義が認められます。

なお、名古屋高裁判決は、先ほどふれたように、控訴人の請求は斥けたのですが、こうした市民の訴えに深い理解を示していました。損害賠償請求に対する判断部分ですが、「そこに込められた切実な思いには、平和憲法下の日本国民として共感すべき部分が多く含まれている」としたうえで、各地のイラク訴訟における先行判例や名古屋訴訟の原審判決にもみられた、「間接民主制下における政治的敗者の個人的な憤懣《ふんまん》、不快感又は挫折感等にすぎない」などとする評価は「決して」採られるべきではない、とするのです。この判断文脈は、少数者の権利擁護にこそ司法権本来の役割があることの強い自覚を物語るものとしてきわめて重要であり、注目しておきたいと思います。

(3) 九条と平和的生存権の連結的理解

こうして、重要な意味をもつ名古屋高裁判決は、その後の平和的生存権論に強いインパクトを与えることとなりますが、この判決の読み方について、私的なコメントを加えておきます。それは、平和的生存権と九条の関係をいかに読むかにかかわります。

私は、すでに述べましたように、前文の「平和のうちに生存する権利」にいう「平和」の意味は、九条によって定義され、そうすることで平和的生存権は具体性をそなえた人権として機能しうるものとなり、かつ、第三章の人権条項と相俟って個別の事案において働くことになる、と解しています。言い換えれば、日本国憲法の規範構造について、「平和のうちに生存する権利」にいう「平和」は、他ならぬ日本国憲法自身、何よりも九条(および前文の第一、第二段)で特定の意味を与えられた「平和」であるから、九条違反の政治がおこなわれたとき、それは即、平和的生存権を侵害したものと評価される、というように理解しています。そのことからすれば、平和的生存権が、その固有の役割ないし効果を発揮するのは、それを侵害する国家行為が九条に反するものと認識された場合(とくに裁判所により裁定された場合)だということになります。

この点で、名古屋高裁判決は、平和的生存権の具体的権利性が肯定されるのは、例えば、

「憲法九条に違反する」戦争遂行などの国家行為がなされた場合、また、自由権的態様が表れるのは「憲法九条に違反する」戦争遂行等への加担・協力が強制されるような場合である、としています。九条違反のフレーズが、二か所にわたって頭に付されています。「平和」をめぐって、伝統的な立憲主義憲法は、「武力による平和」の観念を原理的には否定していないわけですが、それを転じて、武力保持・戦争遂行の峻拒こそ「平和」の意味するところだとしたのが、日本国憲法九条です。平和的生存権は、その「平和」を受けて成り立っており、ここに九条と平和的生存権の連結した関係が認められます。したがって、係争の国家行為について九条違反を問わないまま平和的生存権を主張するとき――もとより、そのような主張も、なされるべき必要と意義を十分に有するものではありますが――、それは固有の意味の平和的生存権ではなく、別様の、たいていは他の人権を補強するような役割をもって用いられていることに留意しておきたいと思います。

それと関連しますが、判例の「解釈」にもかかわって、この判決が、平和的生存権が自由権的・社会権的・参政権的態様をもってあらわれる複合的権利だとしている点にふれておきます。私は、この判示部分は、平和的生存権を、すべての人権の基礎にある基底的権利だと捉えたことから帰結されるもので、この権利の具体的権利性を論じたものではないと考えます。すなわち、九条は国家権力を制限し禁止する規範ですから、それと連結して働く平和的生存権について、裁判規範としては、請求権的性格を語ることは困難であると考えます。上記三つの態様という場合も、裁判規範としての平和的生存権の態様はすぐれて自由権的であり、社会権的・参政権的態様は――この指摘のもつ意義はきわめて大きいものであるにしても――、やはり、本質的に理念的ないし政治的規範としての平和的生存権について成り立つものではないでしょうか。こうした点で、名古屋高裁判決は謙抑的に読まれるべきであり、そのような解釈姿勢こそ、せっかくのこの判決を活かすことに資するものではないか、とするのが私見です。

(4) 流れを強めた二〇〇九年岡山地裁判決

名古屋高裁判決のつくり出した流れを促進したのが、同じ自衛隊イラク派兵に市民がプロテストする訴訟で、名古屋高裁の翌二〇〇九年二月二四日に岡山地裁が出した判決です。この判決は、自衛隊の活動がイラク特措法および憲法に違反しないか否かの判断には立ち入らなかったのですが、その平和的生存権論は、注目すべき内容をもっています。

すなわち、岡山地裁判決は、まず、「前文ないし平和的生存権が法規範性を有することについては、既にほぼ異論をみないところになっており、現時点においては、この平和的生存権が裁判所の司法審査において、裁判所により直接適用される裁判規範といえるか否か、すなわち、裁判規範性を有するか否かだけが争いとなっている」ことを確認します。そうであるところ、前文二項で「平和的生存権が『権利』であることが明言されていることからすれば、その文言どおりに平和的生存権は憲法上の『権利』であると解するのが法解釈上の常道であり、また、それが平和主義に徹し基本的人権の保障と擁護を旨とする憲法に即し憲法に忠実な解釈である」とします。

また、八一条にいう「憲法」とは、「憲法改正における前文と本文の同質性にかんがみる限り、前文を含むといわざるを得ないのであるから、前文が法令審査権行使の基準となり、裁判規範性を有することも否定できない」と念を押します。その上で、「そうすると、平和的生存権は、日本国憲法上の基本的人権であり、裁判所が法令審査権を行使するに当たり、本文と同様によるべき裁判規範性を有するというべきである」と明言したのです。

そして、国側がしばしば引き合いに出す百里基地訴訟最高裁判決は、平和主義ないし平和的生存権にいう「平和」は私法上の行為の効力の判断基準とならない旨を判示したにとどまり、平和的生存権の裁判規範性を否定しあるいは消極的評価をしたものと解することはできない、とします。なお、憲法規範上の概念が抽象的不明確で一義性が欠如しているとの非難に対しては、平和的生存権と、たとえば一三条の幸福追求権の規定との間に径庭はない、と一蹴しました。

その上で、「平和的生存権については、法規範性、裁判規範性を有する国民の基本的人権として承認すべきであり、本件における原告らの主張にかんがみれば、平和的生存権は、すべての基本的人権の基底的権利であり、憲法九条はその制度規定、憲法第三章の各条項はその個別人権規定とみることができ、規範的、機能的には、徴兵拒絶権、良心的兵役拒絶権、軍需労働拒絶権等の自由権的基本権として存在し、また、これが具体的に侵害された場合等においては、不法行為法における被侵害利益としての適格性があり、損害賠償請求ができることも認められるというべきである」との重要な結論を導いたのです。

このような、平和的生存権の権利内容を具体的な権利名を例示的に挙げる形で明らかにしたところに、この判決の最大のメリットがあると思われます。それは、今後、市民が、政府による平和憲法侵害に、裁判所をとおして対抗しうる通路を拡げることに資することでしょう。とくに、自衛隊員が派兵命令に抵抗しうる根拠がここに提供されていると見てよいのではないでしょうか。

これら、両判決のもつ意義を、私は高く評価します。そのうち、名古屋高裁判決に代表させるなら、この判決の裁判官たち（青山邦夫〔裁判長〕・坪井宣幸・上杉英司）は、司法の気概を貫いて、政府の行為に対して憚《はばか》ることなく憲法をあてはめ、説得力に富む法的論証により、自衛隊イラク派兵の違憲と平和的生存権の裁判規範性を明示したわけです。この、政治に右顧左眄《うこさべん》しない法律家としての勇気と憲法への誠実さは、違憲審査権を国民から託された「憲法の番人」にまことにふさわしいものです。とくに、法規範としての平和的生存権を中核とする平和憲法のシステムを明らかにしたところに、この判決の最大・不朽の今日的意義があると思われます。

憲法の平和主義規範は、自衛隊・安保体制の存在という違憲の憲法現実によって、その実効性を大きく減殺されています。しかしながら、それは、違憲の権力行使を許さない歯止めとして強靭な拘束力を保持し続けています。そのことを遺憾なく世に示したのが名古屋・岡山両判決でありました。それは、平和主義条項を基軸とする日本国憲法の、他の実効性を損なわれた諸条項についても、その確保と再生を促し、平和憲法全体の活性化をもたらすものといえる、と考えます。

3　平和的生存権確保と並走するもの――「平和への権利」国連宣言

わが国憲法の平和的生存権の前進と並走する、国際的なひとつの今日的な重要な出来事は、「平和への権利」国連宣言が二〇一六年一二月一九日に国連総会で正式に採択されたことです。賛成一三一か国、反対三四か国、棄権一九か国ですが、日本は、遺憾なことに、米英などイラク戦争で有志連合を組んだ国々の多くとともに反対に回っています。

この「平和への権利」を国際人権として確立させようとする運動が明確な形をとったのは、二〇〇五年のスペイン人権協会によるものとされていますが、その後、ルアルカ宣言・ビルバオ宣言・バルセロナ宣言を経て、一〇年のサンティアゴ宣言が一一年に国連に正式に提出されました。それが、一六年一一月一八日に国連総会第三委員会で採択され、同年一二月一九日の総会において成立に至ったものです。

この権利宣言の成立には、日本のＮＧＯ（非政府組織）も深く関与しており、日本国憲法の理念も反映されました。立案の段階から日本の実行委員会は、とくに前文の平和的生存権を各国に伝え、宣言の中に生かされるように努力しました。さらに、翌一七年の日本国憲法施行七〇年を意識しつつ、法的拘束力のある国際条約に上昇させるよう働きかけを強めていました。

「平和への権利」宣言は、平和のうちに生きる権利をすべての人に認め、国家が関与する戦争や紛争に対して個人が反対・抵抗できる根拠を明確にしたものです。その思想史的背景には、戦争違法化と「人権と平和の不可分性」の認識という大きな流れがあり、宣言は、これをさらに先に進めたものであるといえます。これは、日本国憲法の平和的生存権と共通したものですが、重視すべき特徴は、多様な項目が盛り込まれて、内容がきわめて豊かになっているところにあります。

すなわち、主要なものとして、たとえば、平和の達成のために、自己決定に対するすべての人民の権利の保障、テロリズムのいかなる行為も犯罪であることの確認、いっそう大きな自由の中での社会的進歩と生活水準の向上、平和と安全・開発と人権の相互関連、人間の固有の尊厳に由来する不可侵の権利の完全な享有、貧困の根絶、あらゆる分野における男性と対等な条件での最大限の女性参加、宗教と信念の多様性の尊重と寛容の促進、平和の文化と平和のための教育の促進、法の支配を基礎とした社会と民主的枠組みにとっての少数者の権利尊重の重視、人種主義・人権差別が平和な関係にとって障害となること、等々が確認されるべきであるとしているのです。

もっとも、「平和への権利」宣言は、日本国憲法の平和的生存権のような戦争放棄・戦力不保持規定と結合したものではなく、この点は、日本国憲法の平和主義が世界に先駆けたものであることを示すものです。とはいえ、「平和への権利」の国連における採択は日本政府をも拘束し(憲法九八条)、これを履行する義務を負います。また、市民の平和を求める活動や平和教育の取組みのためにも、国・地方双方のレベルで、強力な援護となるに違いありません。沖縄の米軍基地をなくそうとする運動にとっても、新しい地平を開く契機となることはたしかであると思われます。

第三章　沖縄の二つの憲法訴訟における平和的生存権論

〔まえおき：沖縄で平和的生存権が争われた訴訟への注目〕

これまで述べてきましたように、「平和的生存権」は、第二次大戦後、国際社会・国際法においては人口に膾炙《かいしゃ》した概念ですが、それが一国の憲法典の中に採り入れられることは、今日においてもなおわが国の例に限られています。その場合には、「平和」の意味は、当該憲法典によって規定されます。日本国憲法が、前文第二段末尾において、「われらは、全世界の国民が、ひとしく恐怖と欠乏から免かれ、平和のうちに生存する権利を有することを確認する」という文脈で採用した平和的生存権の「平和」は、この憲法の前文を含む諸規定、とりわけ第九条によって特定されています。つまり、不再戦の決意に支えられた戦争放棄・軍備不保持と交戦権の否認こそが、平和的生存権の「平和」の内容なのです。これは日本国憲法の規範に照らして当然事だと思われるのですが、実際には、平和的生存権をめぐる裁判において扱われ方は一致していません。

すなわち、たとえば、平和的生存権の裁判規範性を肯定した裁判例の嚆矢である一九七三年の長沼訴訟第一審判決（札幌地裁一九六七年三月二九日）では、平和的生存権は、そこで争われた自衛隊ミサイル基地の設置にかかわる保安林指定解除処分の取消しを求める住民の訴えの利益を根拠づけるものとして、かつ、これに先立つ六七年の恵庭事件判決（札幌地裁一九七六年七月二九日）で見られた憲法判断回避の手法を意識しつつ、憲法上の争点については先行的に判断することの理由としてとりあげられました。また、アメリカのイラクに対する戦争への自衛隊派兵をめぐるイラク訴訟の二〇〇八年名古屋高裁判決（二〇〇八年四月一七日）においては、平和的生存権は、派兵差止めおよび損害賠償請求の訴えにかんし、市民の提訴資格を支えるものとしてはたらくとともに、市民たちが被った権利侵害の質が憲法水準のものであることを示す役割を担いました。

そして、何より、この長沼訴訟一審・イラク訴訟名古屋高裁の二つの判決の重要な共通点は、自衛隊を――その存在（長沼訴訟）また運用（イラク訴訟）が――憲法九条に違反すると認定した上で、九条の意味内容を平和的生存権の「平和」に充填させる判断をしたところにあります。――平和的生存権のこうした位置づけ方こそ、この権利の本来の機能、すなわち、戦争、武力の行使や戦力保持に対する市民による司法過程をとおしての拒否という機能を発揮させるものであるといえます。ただ、これと並んで、九条と結びつけることなく平和的生存権を主張する手法が裁判においてしばしば登場しており、その可能性ないし有用性について十分に検討しておかなければなりません。

そして、沖縄で平和的生存権が争われる訴訟では、上記の後者の手法が明瞭に自覚的に選択されて登場していることに気付きます。このことは、第一部第三章3でもとりあげましたが、ここでは、平和的生存権のこの両様の主張に注目して、その角度から沖縄の関連訴訟をとりあげることにします。主な素材としたのは、二つの訴訟の三つの判決です。すなわち、いわゆる那覇市軍用地訴訟の那覇地裁判決（一九九〇年五月二九日。この判決は一審で確定しています）、ならびに、いわゆる沖縄代理署名訴訟の福岡高裁那覇支部判決（一九九六年三月二五日）および最高裁大法廷判決（一九九六年八月二八日）です。なお、数多くの米軍基地騒音・爆音の差止め・損害賠償請求訴訟も、もとより重要な対象ですが、ここでは平和的生存権の両様のとりあげ方を主題とするため、扱わないこととしました。

両者のうち、那覇市軍用地訴訟は、土地使用認定処分の取消しを求めるものですが、土地所有者である那覇市は訴訟提起の資格をもともと具《そな》えていますから、この点にかんしては平和的生存権を主張する必要はありません。平和的生存権は、安保条約の違憲をいう主張の中で、九条と並べてとりあげられています。一方、沖縄代理署名訴訟は、機関委任事務（当時）にかんして県知事を被告として内閣総理大臣が提起した職務執行命令訴訟であって、訴訟要件は論点にならず、平和的生存権は、もっぱら内閣総理大臣の処分の違法を導く要素として用いられています。ただ、この訴訟では、被告側は、安保条約の違憲性を主張しないことを明言していました。

以上の整理をふまえて、本論に入ります。

1　平和的生存権の主張の仕方

（1）那覇市軍用地訴訟における平和的生存権論

①事案と当事者の主張

事案の概要は、次のとおりです。――日米安保条約六条は、わが国に駐留する米軍に対し施設および区域の使用を認めており、そのような米軍の用に供する土地等の使用・収容にかんして規定することを目的とする法律として、駐留軍用地特措法（「日本国とアメリカ合衆国との間の相互協力及び安全保障上約六条に基づく施設及び区域並びに日本国における合衆国軍隊の地位に関する協定の実施に伴う土地等の使用に関する特別措置法」）が制定されています。内閣総理大臣は、米軍の基地（普天間飛行場施設及び那覇港湾施設）の一部として使用されてきた那覇市所有の土地について、従来に引き続いて米軍に提供するために、駐留軍用地特措法五条にもとづき使用の認定をしたのに対し、那覇市が、所有する土地を返還させるべく、その使用認定処分の違憲・違法を主張し取消しを求めました。これにつき、那覇地裁は、請求を斥けましたが、原告は控訴せず、地裁の判決が確定しています。

この訴訟において、原告市側（市長親泊康晴）は、まず、安保条約・米軍駐留の憲法違反を正面から主張しました。すなわち、安保・米軍は、それ自体が憲法前文に違反し、安保条約六条（在日米軍基地の設置）も前文に違反する。米軍駐留は、憲法九条二項前段および後段に違反し、安保条約三条（わが国の軍事力強化の義務づけ）は、憲法九条二項前段に違反し、条約五条（日米共同作戦の義務づけ）は、憲法九条に違反する。そして、駐留軍用地特措法は、憲法前文・九条、二九条三項、三一条に違反する。したがって、同特措法にもとづく本件各使用認定処分は、憲法二九条三項、三一条に違反し、さらに特措法三条の要件（土地等を駐留軍の用に供することが「適正且つ合理的」であること）を充足してもいないから、違法でもある、と論じたのです。

こうした主張の中で、平和的生存権については、次のように述べられています。

「憲法前文は、全世界の国民が、平和のうちに生存する権利（平和的生存権）を確認しているが、平和的生存権とは、人間の平和的生存に不可欠な法的利益であり、人間の平和的生存を脅かす国家行為の排除を意味する。そして、これは、戦争目的や軍事目的のためになされる権利や自由に対する制約を排除する権利であり、自衛戦争であれ戦争を目的とする軍事基地の存在そのものが国民の平和的生存権を侵害するものであることは疑いをいれず、このことは軍事基地を使用する主体が我が国であるか外国であるかに全く関係がない。したがって、アメリカ合衆国軍隊の基地の設置を規定する安保条約六条は、平和的生存権を定めた憲法前文に違反する。」というものです。

これに対して、被告内閣総理大臣（海部俊樹）側は、「原告がその違憲無効を主張する安保条約は、主権国としての我が国の存立の基礎に極めて重大な関係をもつ高度の政治性を有するものであるから、その内容の違憲性は司法審査の対象になりえないものである。」したがって、「裁判所は、本訴において安保条約が憲法に適合していることを前提にして判断を進めなければならない」としました。その上で、米軍駐留の憲法前文適合性をめぐって、平和的生存権にかんして次のように論じました。

「原告は、米軍の我が国における駐留が平和的生存権を掲げた憲法前文に違反する旨主張する。／しかしながら、およそ国家が独立国である以上、その主権の一部として自衛権を有することは自明の理である。自衛権は、国家又は国民に対する外部からの急迫不正の侵害に対し、これを排除するのに他に適正な手段がない場合、その国家が必要最小限度で実力を行使する権利であり、国家がその存立の基礎に関わる重要な基本権を自ら放棄することは、今日に至るまでの国際情勢の下において、およそ考えられないことである。

我が国憲法にいう平和主義は、無防備抵抗を定めたものでは決してない。憲法前文は、日本国民が平和を維持し、専制と隷従、圧迫と偏狭を地上から永遠に除去しようとつとめている国際社会において、名誉ある地位を占めることを願い、全世界の国民とともにひとしく恐怖と欠乏から免かれ、平和のうちに生存する権利を有することを確認している。このことは、憲法が国家の存立と国民の生存を維持することを根本の目的としていることを示している。我が国が自国の平和と安全を維持し、その存立を全うするために必要な自衛のための措置をとることは、国家の最も本源的な任務と機能の一つであるといわなければならない。

そして、我が国が自国の平和と安全を維持するため、どのような方法によって自衛をするかについての具体的な方法の選択は、国民の付託を受けた政治部門が我が国の置かれた諸般の情勢を考慮して決定すべき高度に政治的な事柄である。我が国が米国との間に安保条約を締結し、米軍による安全保障を求めているのは、右の具体的方法の一つである。／したがって、米軍の我が国における駐留が憲法前文にいう平和的生存権を侵害する旨の原告の前記主張は失当である。」（／は、原文で改行を示す。以下同じ）

平和的生存権にかんしては、当事者間の主張・反論は、こうした内容のものでした。

②那覇地裁の判断

これを受けた那覇地裁判決の判断は、次のとおりです。すなわち、まず、「憲法前文は、憲法制定の動機、目的及びその基本原理等を述べるものではあるが、未だその内容は抽象的なものに止まり、具体的個別的に定められた裁判規範ということはできない。したがって、憲法前文自体を裁判規範として、これに違反する法律等の違反を主張することはできないものと解される。もっとも、憲法前文は、憲法の一部として法規範性を有し、憲法本文の各条項の解釈の基準ないし指針となりうるものと解されるので、安保条約六条が、憲法前文の趣旨に一見極めて明確に違反する場合には、これが憲法本文の各条項に一見極めて明白に違反することになりうることも考えられるから、以下、安保条約六条が、憲法前文の趣旨に一見極めて明白に違反するか否かにつき判断する」とした上で、前文の趣旨の判断に入り、次のように言います。

「憲法前文は、『われらは、平和を維持し、専制と隷従、圧迫と偏狭を地上から永遠に除去しようと努めてゐる国際社会において、名誉ある地位を占めたいと思ふ。われらは、全世界の国民が、ひとしく恐怖と欠乏から免かれ、平和のうちに生存する権利を有することを確認する』と述べている。また、憲法上我が国が主権国として持つ固有の自衛権は何ら否定されておらず、憲法前文や九条において表明される平和主義も無防備、無抵抗を定めたものではない。それゆえ、我が国が自国の平和と安全を維持し、その存立を全うするために必要な自衛のための措置をとりうることは、国家固有の権能の行使として当然のことというべきである。そして、我が国の平和と安全を維持するための安全保障であれば、その目的を達するにふさわしい方式又は手段である限り、国際情勢の実情に即応して適当な方法を選ぶことができるものというべきところ、我が国がその方法の一つとして選択した安保条約に基づく米軍の駐留は、『日本国の安全に寄与し、並びに極東における国際の平和及び安全の維持に寄与』し、もって、『再び戦争の参加が起こることのないやうにする』という目的を有し、かつ、安保条約の前文及び本文の各規定に照らせば、これによって我が国の防衛力の不足を、『平和を愛する諸国民の公正と信義に信頼して』補おうとしたものに他ならないことが窺われる。／右によれば、米軍の駐留を認める安保条約六条は、憲法前文の趣旨に反することが一見極めて明白であるとは、到底認められない。」

このように、那覇地裁判決は、平和的生存権については格別の判断をおこなわず、前文全体の裁判規範性を論じる中にそれを吸収させる形でこの争点を処理してしまっています。

（2）沖縄代理署名訴訟における平和的生存権論

①事案と沖縄県知事側の平和的生存権の主張

これは、沖縄の米軍基地をめぐり内閣総理大臣が県知事に対して提起した職務執行命令訴訟として、重要な意味をもつ事案です。概要を示しておきます。

国は、一九七二年の沖縄返還以来、駐留軍用地として沖縄県内の土地を米軍に提供してきましたが、九六年三月三一日および九七年五月一四日に使用期限が満了する本件各土地について、所有者との合意による使用権原の取得が見込めない状況にあったため、駐留軍用地特措法にもとづく使用権原取得の手続を進めることにして、内閣総理大臣の使用認定を受けました。本件各土地について使用裁決の申請をするためには、同法により適用される土地収用法の定めるところに従い、土地・物件調書を作成して裁決申請書に添付しなければならないものとされています。しかし、本件各土地の所有者らは、立会いまたは土地・物件調書への署名押印を拒否し、さらに、本件各土地の所在地の市町村長もこれを拒否したため、那覇防衛施設局長（当時）は、県知事に対し、立会いおよび署名押印の代行を申請しましたが、知事は、それに応じられない旨の回答をしました（その直接の背景には、九五年九月四日の米兵による少女暴行事件に対する沖縄県民の激しい怒りがあります）。そこで、内閣総理大臣（村山富市）は、知事（大田昌秀）に対し、署名等代行事務を執行するよう勧告し、ついで、その旨の職務執行命令を発しましたが、知事がこの勧告と命令に従わなかったため、地方自治法一五一条の二第三項にもとづき、署名等代行事務の執行を命じる判決を求める訴訟を提起したわけです。

これにつき、一審の福岡高裁那覇支部は、知事に、本件署名等の代行を命じる判決を下しました。知事側は上告しましたが、最高裁大法廷は、これを棄却しています。

この訴訟において、知事側は、安保条約の違憲についていては、それを主張するものではないことを明言しつつ、平和的生存権論を次のように展開しました。

「(一) 平和的生存権は、憲法前文に理念的、文言的な基礎を置き、憲法九条によって制度的に保障され、直接的には憲法一三条前段の個人の尊厳に不可欠な人権として保障されており、個々の国民が人間としての生存と尊厳を維持し、自由と幸福を求めて生命の危機に脅かされることなく平穏な社会生活を営むことを戦争行為(広く戦争類似行為、戦争準備行為、戦争訓練、基地の設置管理などを含む。)によって実質的に阻害されない権利であり、その権利主体は国民である。

そして、平和的生存権は、次のような内容を有する。すなわち、第一に、公権力の軍事目的追求によって平和的経済関係が圧迫されたり、侵害されたりしないことであり、その例として、自己の土地、財産を軍事目的のために使用されない権利を挙げることができる。第二に、公権力による軍事的性質を持つ政治的、社会的関係の形成が許されないことであり、軍事施設を設けることにより、軍事的危害を誘発することや国民の健康又は生活環境に被害を及ぼすことは具体的な平和的生存権の侵害となる。第三に、公権力によって軍事的イデオロギーを鼓舞したり、軍事研究をおこなうことが許されないことである。

また、平和的生存権は、単に消極的ないし受動的に戦争行為による人権侵害を排除し得る国からの自由という自由権的側面を有するに止まるものではなく、戦争行為に反対し、これを阻止、廃止し軍事力の削減撤廃をもたらすことや平和な世界を創造するために能動的に国政などに参加する参政権的側面や、積極的に国や地方公共団体等の公権力によってよりよい平和を確保拡充せしめることができる社会権（国務請求権）的側面をも有する権利である。

以上のように、平和的生存権は具体的な内容を有する権利である。

（二）憲法九条は、自衛戦争をも放棄し、自衛戦力の保持を禁止することを国の義務として規定しているのであり、同条のような徹底した平和主義や国民の平和的生存権確保の趣旨からすると、憲法前文、九条及び一三条は、安保条約及び地位協定によって、国が、国土の一部を米軍が軍用地として使用することを許すことができるとしても、国民の権利利益を犠牲にしてまで米軍に軍用地を提供することを容認するものではない。したがって、特措法は、国が駐留軍の用に供する軍事目的を実現するために国民の私有財産を強制的に使用することを内容とするものであるから、平和主義、平和的生存権を侵害するものであり、憲法前文、九条及び一三条に違反するものである。」

上掲のものは第一審における主張ですが、上告審においても同様です。

②福岡高裁那覇支部の平和的生存権否定の判断

こうした平和的生存権の主張に対して、裁判所はどのように対応したのでしょうか。まず、第一審福岡高裁那覇支部は、次のような判断を示しています。

「憲法は前文で『日本国民は、…諸国民との協和による成果と、わが国全土にわたって自由のもたらす恵沢を確保し、政府の行為によって再び戦争の参加が起ることのないようにすることを決意し、…この憲法を確定する。』「日本国民は、恒久の平和を念願し、人間相互の関係を支配する崇高な理想を深く自覚するのであって平和を愛する諸国民の公正と信義に信頼して、われ等の安全と生存を保持しようと決意した。われらは、平和を維持し、専制と隷従、圧迫と偏狭を地上から永遠に除去しようと努めている国際社会において、名誉ある地位を占めたいと思う。われらは、全世界の国民が、恐怖と欠乏から免かれ、平和のうちに生存する権利を有することを確認する。』と謳っており、ここでいう『平和のうちに生存する権利』がすべての基本的人権の基礎にあってその享有を可能ならしめる理念的、規定的な権利であることは明らかである。

しかしながら、右前文は、平和主義の確立が憲法制定の動機の一つであることを宣言し、平和主義の理念や我が国の国際社会における在り方等憲法の理念を表明しているものである上、右『平和のうちに生存する権利』の実現には、右前文からも明らかなように、平和な国際社会を維持するための各国の努力が必要であり、また、そのような国際社会において名誉ある地位を占めたいと思う我が国も国際平和を維持するために憲法九条の枠の中で積極的な努力を要するのであって、その手段、方法は国際社会の実情に応じて多岐、多様であるといわなければならない。換言すれば、『平和のうちに生存する権利』の『平和』とは理念ないし目的としての抽象的概念であって、右『平和のうちに生存する権利』は、憲法のもう一つの基本原理である国民主権の下に、国民の付託を受けた国会ないし内閣が、憲法前文ないし九条の理念を尊重し、その政治責任において行う諸政策によって具体的に実現されていくものであり、その抽象性を免れない。そのことは、右権利を憲法一三条の生命、自由及び幸福追求に対する権利として理解する場合も同様であり、平和的生存権をもって、憲法上各個人に保障された具体的な権利ということはできない。」

このように述べた上で、被告知事側が、先に掲げておいたように、平和的生存権は自由権的側面に加えて社会権（国務請求権）的側面をも有する権利である旨主張していたことをとらえて、上記引用個所に続けて次のように述べました。

「さらに、被告の主張を前提とすると、国が主権国として持つ固有の自衛権に基づき自国の平和と安全を維持しその存立を全うするために必要な自衛のための措置として他国に安全保障を求め、他国の軍隊に自国の設備及び区域を使用させるために私有財産である土地の使用権を取得する場合、これを軍事目的の使用権取得というのか、あるいは、よりよい平和を確保拡充せしめるための使用権取得というのか明らかではないが、前者であれば、当該土地所有者は平和的生存権を侵害されるがゆえにその自由権的側面として国に対してその排除を求めることができるということになるのに対し、後者であれば、国民はみずからの平和的生存権を確保するためにその社会権（国務請求権）的側面として国に対し他人の私有財産である当該土地の使用権を取得するよう求めることができるということになり、そのいずれと解釈するかにより効果において大きな差異が生じるところ、『軍事目的』という概念が多義的又は抽象的であり、『平和』という概念が抽象的で、平和を確保拡充せしめる手段、方法が多岐、多様であるため何が軍事目的に該当し同目的による人権の制限が許されなくなるのか、あるいは、何が『平和を確保拡充せしめるため』に該当しそのための措置を国に対し求めることができるのかについて一義的に明確であるということはできないのであって、被告の主張する平和的生存権が、憲法上具体的に保障された権利であるということができないことはこのことからも明らかである。」

このような論理で、福岡高裁那覇支部は、県知事側の生存権主張を全面的に斥けました。

③最高裁大法廷の判断

そして、上告審においては、上告理由中の、特措法は憲法前文・九条・一三条により保障された平和的生存権を侵害するものであるとの主張に対して、次のような判断がなされました。

「日米安全保障条約六条、日米地位協定二条一項の定めるところによれば、我が国は、日米地位協定二五条に定める合同委員会を通して締結される日米両国間の協定によって合意された施設及び区域を駐留軍の用に供する条約上の義務を負うものと解される。我が国が、その締結した条約を誠実に遵守すべきことは明らかであるが(憲法九八条二項)、日米安全保障条約に基づく右義務を履行するために必要な土地等をすべて所有者との合意により取得できるとは限らない。これができない場合に、当然土地等を駐留軍の用に供することが適性且つ合理的であることを要件として(駐留軍用地特措法三条)、これを強制的に使用し、又は収用することは、条約上の義務を履行するために必要であり、かつ、その合理性も認められるのであって、私有財産を公共のために用いることにほかならないというべきである。国が条約に基づく国家としての義務を履行するために必要かつ合理的な行為を行うことが憲法前文、九条、一三条に違反するというのであれば、それは当該条約の違憲をいうにひとしいことになるが、日米安全保障条約及び日米地位協定が違憲無効であることが一見極めて明白でない以上、裁判所としては、これが合憲であることを前提として駐留軍用地特措法の憲法適合性について判断すべきであるし（最高裁昭和三四年（あ）第七一〇号同年一二月一六日大法廷判決・刑集一三巻一三号三二二五頁参照）、所論も、日米安全保障条約及び日米地位協定の違反を主張するものでないことを明示している。そうであれば、駐留軍用地特措法は、憲法前文、九条、一三条、二九条三項に違反するものということはできない。」

また、上告理由は、特措法を在沖米軍基地の使用のために適用することによる平和的生存権侵害を主張しましたが、それに対する判断は、次のとおりでした。

「駐留軍用地特措法による土地等の使用又は収用の認定は、駐留軍の用に供するため土地等を駐留軍の用に供することが適性かつ合理的であると判断されたときになされるのであるが（同法五条、三条）、右認定に当たっては、我が国の安全と極東における国際の平和と安全の維持にかかわる国際情勢、駐留軍による当該土地等の必要性の有無、程度、当該土地等を駐留軍の用に供することによってその所有者や周辺地域の住民などにもたらされる負担や被害の程度、代替すべき土地等の提供の可能性等諸般の事情を総合考慮してなされるべき政治的、外交的判断を要するだけでなく、駐留軍基地にかかわる専門技術的な判断を要することも明らかであるから、その判断は、被上告人〔＝国側〕の政策的、技術的な裁量にゆだねられているものというべきである。沖縄県に駐留軍の基地が集中していることによって生じるとされる種々の問題も、右の判断過程において考慮、検討されるべき問題である。／右に述べたところからすると、沖縄県における駐留軍基地の実情およびそれによって生じているとされる種々の問題を考慮しても、同県内の土地を駐留軍の用に供することがすべて不適切で不合理であることが明白であって、被上告人の適法な裁量判断の下に同県内の土地に駐留軍用地特措法を適用することがすべて許されないとまでいうことはできないから、同法の同県内での適用が憲法前文、九条、一三条、一四条、二九条三項、九二条に違反するというに帰する論旨は採用することができない。」

平和的生存権にかんする最高裁大法廷の判示は、以上に尽きます。

以上、二つの訴訟の三つの判決の下した平和的生存権についての判断をどのように評価すべきでしょうか。項を改めて検討したいと思います。

(3) 各判決の平和的生存権判断の特徴

(一) まず、那覇市軍用地訴訟判決ですが、この判決は、憲法前文中に規定されている平和的生存権について、前文の法規範性ないし裁判規範性を論じることで処理し、平和的生存権規定のもつ独自の趣旨・性格に注目しようとはしていません。すなわち、「われらは、全世界の国民が、ひとしく恐怖と欠乏から免かれ、平和のうちに生存する権利を有することを確認する」という句を取り出しながら、前文一般についての検討をおこなうにとどまっています。そして、判決は、先に引用しておいたとおり、前文自体の「裁判規範性」（判決によれば、法律等の無効を主張する根拠になりうる性格を意味する）を否定します。しかし、そのようにしながらも、「法規範性」（本文各条項の解釈基準ないし指針となりうる性格）は認められるからとして、安保条約六条が憲法前文の趣旨に「一見極めて明白に」違反するか否かは裁判所として判断する、と踏み込みます。これは、さぞかし、一九五九年砂川事件最高裁大法廷判決（一九五九年一二月一六日）の論理に倣ったものと思われますが、これでは、先に「裁判規範性」と「法規範性」を区別した意味が失せて、結局、否定したはずの「裁判規範性」を認めたことになってしまいます。

また、こうした論理を採る理由として、判決は、前文の趣旨に「一見極めて明白に」違反する場合には本文の各条項にも「一見極めて明白に」違反することになりうるとし、それゆえ、安保条約六条についても、憲法前文の趣旨に「一見極めて明白に」違反しないか否かの判断に入ったのです。「一見極めて明白」のオンパレードですが、このきわめて形式的なレトリックは、この判決の、裁判規範性をもつものは憲法本文各条項のみであるという伝統的な強い確信——頑固な信念——に支えられているように思われます。しかし、これでは、日本国憲法における平和的生存権の本来の趣旨を把握することができるはずはありません。加えて、この判断の形式性は、安保条約六条の憲法適合性審査に入って、それが憲法前文の趣旨に「一見極めて明白」には違反しないとの結論を導く際に、安保条約については、その立法目的をもっぱら条文の文言にのみ依拠して、それと憲法前文の文言とを恣意的に結びつける方法を用い、肝心の条約下の在日米軍の実態については一顧だにしていないところにもよく現われています。いわく、「安保条約に基づく米軍の駐留は、『日本国の安全に寄与し、並びに極東における国際の平和及び安全の維持に寄与』〔安保条約六条——引用者。以下も同じ〕し、もって、『再び戦争の参加が起ることのないやうにする』〔憲法前文〕という目的を有し、かつ、安保条約の前文及び本文の各規定に照らせば、これによって我が国の防衛力の不足を、『平和を愛する諸国民の公正と信義に信頼して』〔憲法前文〕補おうとしたものにほかならないことが窺われる」とするわけです。結局、安保条約を合憲とする判断が先行して、原告の平和的生存権違反の訴えには事実上何も応えない判旨となったものと思われます。

（二）ついで、沖縄代理署名訴訟ですが、平和的生存権については、一審裁判所は、基本的に従来の通説・多数判例の見解に立って知事側主張を斥けています。この見解は、平和的生存権は人権の基礎にあってそれを支える理念的権利であるにとどまり、個人が訴えの基礎とし得る具体的権利ではないというもので、学説・判例において支配的であったといえます。しかし、こうした状況は、近時に重要な変化が見られ、それは、とりわけ、いわゆるイラク訴訟をめぐる二〇〇八年の名古屋高裁判決（二〇〇八年四月一七日）および〇九年の岡山地裁判決（二〇〇九年二月二四日）によってもたらされたものですが、いずれにせよ、沖縄代理署名訴訟の時点での平和的生存権をめぐる論議の一端は次のごとくでした。

すなわち、従来は、平和的生存権の法規範性は異論がなく承認されるものの、裁判規範性については、たとえば、学界でも、《平和的生存権は、その主体・内容・性質などの点でなお不明確であり、人権の基礎にあってそれを支える理念的権利と言うことはできるが、裁判で争うことのできる具体的な法的権利性を認めることは難しい》との見地が広く受け容れられていました。また、判例でも、最高裁が、一九八九年の百里基地訴訟上告審判決（第三小法廷一九八九年六月二〇日）で、「上告人らが平和主義ないし平和的生存権として主張する平和とは、理念ないし目的としての抽象的概念であって、それ自体が独立して、具体的訴訟において私法上の行為の効力の判断基準となるものとはいえ」ない、としたのに倣うものが通例であったといえます。

状況がこのようであってみれば、沖縄代理署名訴訟の福岡高裁那覇支部判決がこの権利の具体的権利性を否定した見解も、また最高裁判決がその形式的な論理によって高裁の判断を支持したところから察せられるその平和的生存権理解も、それ自体としては従来の否定説に立ったものとして一括りにしてしまうこともできましょう。ただ、両判決は、通説・多数裁判例の見地と比較しても、かなり大きな特徴をもつものと思われます。

何より、両判決は、平和的生存権の積極的意義を否定することに相当意を注いでおり、なかでも一審判決は、多弁と評してよいほどの論じぶりであることに気付きます。すなわち、先に掲げておいた判文のうち前半の、《平和的生存権は理念的・基底的な権利でこそあれ、そこにいう「平和」は抽象的概念であって、それは国会ないし内閣の政治的諸施策によって具体的に実現されていくものであり、憲法上各個人に保障された具体的権利だとはいえない》旨の部分は、これまでの多数裁判例と軌を一にしたものとみてよいと思われます。しかし、後半部分は、知事側主張に対する判断という形で、米軍への基地提供のための国による土地強制使用を、「国が主権者として持つ固有の自衛権に基づき自国の平和と安全を維持してその存立を全うするために必要な自衛のための措置として他国に安全保障を求め、他国の軍隊に自国の施設及び区域を使用させるために私有財産である土地の使用権を取得する場合」にあたると、全面的に肯定的に描いています。もっとも、同判決は、続けて、この「場合」を、軍事目的のものとするか、あるいはよりよい平和を確保拡充する目的のものとみるかは見解が分かれるところである旨の文章へと展開させているのですが、外国軍隊の駐留とそのための軍用地強制使用を合憲とする評価を――知事側は、本件においては日米安保条約の違憲を主張するものではないことを明示していたにもかかわらず――平和的生存権論の文脈でさりげなくおこなったことは、まことに恣意的であって、そこには、この判決の安保条約合憲判断のきわめて強い積極姿勢が示されていると見てよいと思われます。

また、同判決は、この後者である場合、つまり米軍用地強制使用が平和の確保拡充に資する場合には、知事側の主張にかかる平和的生存権の社会権（国務請求権）的側面ありとする論理からすれば、「国民はみずからの平和的生存権を確保するためにその社会権（国務請求権）として国に対し他人の私有財産である当該土地の使用権を取得するよう求めることができるということにな」る、と論じています。これは、社会権概念をその歴史的内容を捨象してたんに国家への請求権にのみ形式化した上で、知事側主張を歪曲したものといわざるをえません。すなわち、知事側は、憲法前文の平和的生存権は九条の規範と一体をなすもので、戦争の放棄と戦力の不保持、したがって自国の軍隊の保有のみならず他国の軍隊の駐留もない状態を「平和」ととらえるものであり、国民は、そのような平和を創出する政策をとることを国などの公権力に求めることができる、と論じているのです。それにもかかわらず、上記の判旨は、あたかも、知事側主張からすれば国民同士が相争う状況が惹起されるとするがごとくであり、理解に苦しむ形式論理であるといわざるをえません。――このようにして、一審判決は、従来の裁判例の平和的生存権より、一歩踏み込んで、政府の施策の積極的な弁証を試みたものといえます。

そして、上告審判決ですが、最高裁は、知事側の平和的生存権の主張に対応する判断を示していません。なお、同判決は、一審判決に具体的に言及してはいないのですが、上告理由を「原審の判断を非難する」ものとして斥けたことの中に、それを維持する判断が含意されています。このような形で、平和的生存権についても、高裁の判断を基本的に維持したものと解して差し支えないでしょう。とくに留意しておきたいのは、最高裁が、安保条約につき審査抜きで合憲の判定をしていることです。すなわち、「日米安全保障条約及び日米地位協定が違憲無効であることが一見きわめて明白に違憲無効でない以上、裁判所としては、これが合憲であることを前提として駐留軍用地特措法の憲法適合性についての審査をすべきである」として、砂川事件大法廷判決を「参照」しているのですが、この一九五九年の最高裁判例は、五一年締結・五二年発効の旧安保条約について、「一見きわめて明白に違憲無効であると認められない限りは、裁判所の司法審査権の範囲外のものであ」るとした上で、旧安保条約がそれに該当するか否かについての審査に入ったのです。この旧安保条約は、その後、日米両国の軍事同盟関係を大きく変化させた六〇年の現行安保条約に改定されています。したがって、五九年判決の判断枠組みに拠るとしても、裁判所は、現行安保条約・地位協定が一見極めて明白に違憲でないかを改めて審査するのが当然であったといわなければなりません。――こうして、上告審判決では、平和的生存権論は、極端に形式的な論理のなかに埋没させられたのです。

そして、この二つの判決に共通するものは、平和的生存権を論じる際に、肝心の、その権利が具体的な姿をとる場、つまり沖縄の現実、実態をほとんど考慮に入れていないことです。最高裁判決が、「沖縄県に駐留軍の基地が集中していることによって生じているとされる〔最高裁は、「とされる」と言っています〕種々の問題も、〔その政策的・技術的な裁量に委ねられるべき国の専門的な〕判断過程において考慮、検討されるべき問題である」と述べることで切り捨てられてしまいました。その「種々の問題」こそ、本来は、「平和のうちに生存する権利」の保障が不可欠とされる根拠なのです。これを、項目を新しく立てて述べておきます。

(4) 沖縄における平和的生存権侵害の格別の状況

沖縄県には、狭小（全国土の〇・六%）の県土に在日米軍基地の過半（七〇%強）が集中しています。この米軍基地の存在を源にして、県民の平和に生きる権利を侵害するさまざまな問題が惹起され、蓄積されてきました。沖縄代理署名訴訟の上告理由書が述べるところを借りるなら、在沖米軍基地によって、沖縄県民、とりわけ基地周辺住民は常にさまざまな生活被害を受けてきたわけです。それは、住民の居住地への被弾、爆音・騒音、軍用機の墜落事故、また米兵による性犯罪をはじめとした凶悪犯罪、飲酒が原因のものの多い米兵の交通事故等々、挙げればきりのないものです。そして、戦後、アメリカは対外軍事攻撃を繰り返し、そのたびに沖縄は発進基地とされ、それにより住民は甚大な被害を被ったとともに、加害者の立場に立たされました。要するに、沖縄県民は、平穏に生活を営むことを全般的に阻害され、あまつさえ生命自体に脅威を受けているのであり、これは人間の尊厳自体の侵害であるといわなければなりません。那覇市軍用地訴訟の市側主張が、米軍基地により市民の「あらゆる権利」が侵害されていると表現しているのも、けっして誇張ではないのです。

すなわち、沖縄にあっては、平和的生存権の侵害は、具体的な生活の中で日常的・常態的に、かつ長期にわたって恒常的に生じているものととらえられます。たとえば、沖縄代理署名訴訟における知事側第一準備書面（一九九五年一二月二二日）は、次のように言っています。「在日米軍基地が過度に集中する沖縄においては、在日米軍の戦争行為〔知事側の用語では、固有の戦争行為のほかに、戦争類似行為、戦争準備行為、戦争訓練、軍事基地の設置管理などを含む――引用者〕によって日常生活のうえで具体的に平和的生存権が侵害されている。この平和的生存権の侵害は、基地にかかわる住民の生活の中で、様々な形で現れている。その個々の被害は、軍による戦争行為を支える基地に起因する人権侵害としてまとめることができる」。したがって、「国は、沖縄県民が、沖縄戦以来…長期間、平和的生存権を侵害され続けてきた事実を直視すべきであり、常態的な平和的生存権の侵害を是正すべきである」と。また、この侵害は、沖縄に集中的にかつ偏重して現われていて、その点で、国政上の差別が沖縄において顕著であること、さらに、米軍基地に起因する被害は、沖縄本島に限られないことも加えられます。

このようにして、沖縄における平和的生存権の侵害は、長期的・広域的かつ恒常的・日常的であるため、その深刻さにおいて際立った特徴をもつものといわなければなりません。こうした実態に照らすなら、沖縄においては、平和のうちに生存する権利の内容は一義的に明瞭であるといえます。

沖縄にこのような状況がもたらされた背景にかんして、日本の法的独立を回復させた一九五二年の講和条約発効から七二年の本土復帰までの間に、在日米軍基地の比重が本土から沖縄に移ったことが重大な一要因である点が、しばしば指摘されています。すなわち、基地面積は、本土では同条約発効の五二年四月二八日の時点で約一三五二㎢だったものが、五八年三月末には約六六〇㎢へとほぼ半減し、本土復帰の直前の七二年三月末では約一九六㎢と七分の一にまで縮小したのに対し、沖縄では、五一年には約一二四㎢であったのが、その後の相次ぐ拡張によって五四年には約一六二㎢、五八年約一七六㎢、六〇年約二〇九㎢へと増大し続け、七二年五月一五日の復帰時には二八六㎢にもなっていたことです。駐留米軍兵力も、本土では五二年に二六万人であったものが七〇年一一月には三万七五〇〇人までに減少したのに対し、沖縄では、五〇年六月末に二万一二四八人であったものが六〇年九月の時点で三万七一四二人と約一・七倍に、復帰直後の七二年五月末には三万九三五〇人へと二倍近くに達していました。加えて、海兵隊も、岐阜、山梨に駐留していたものが五九年に沖縄に移駐するなど、本土の負担軽減と対照的に沖縄への軍事的重圧が強まったのです。

本土復帰後、現在までの在沖米軍基地に起因する事件・事故について、沖縄県知事公室基地対策課の公刊物にもとづいて要点を示しておきます。それによれば、一九七二年から二〇一二年末までの間、米軍用機の事故は、固定翼機によるものが四四一件（うち墜落事故二七件）、ヘリコプターが九九件（墜落は一六件）にのぼります。また、同じ期間において、米兵（米軍構成員）による犯罪は五八〇一件、うち凶悪犯は五七〇件、粗暴犯は一〇四五件にもなります。

その中で、とくに二〇〇四年八月一三日に発生した沖縄国際大学構内への米軍ヘリコプターの墜落事故は、死者が出なかったのが奇跡とされるほど、県民に強い衝撃を与えました。また、一二年一〇月には、垂直離着陸機ＭＶ―二二「オスプレイ」一二機の普天間基地配備が強行されましたが、これは開発段階から度重なる死亡事故を起こして、米本国でも「未亡人製造機」と忌み嫌われている危険機で、この配置に反対する沖縄県民の声は強く、参加者一〇万人を超える県民大会も開催されていました。それにもかかわらず、配備されるや、人口密集地での飛行や午後一〇時以降の飛行を制限する日米合同委員会の合意にさえ違反して運用され、その違反は、同年一〇月～一一月の二か月間で三一八件を数えました。オスプレイ配備は、翌一三年一〇月に二四機態勢となりましたが、運用ルール違反は、同月だけで一七二件にのぼります。県民の意思は無視され、いのちとくらしが脅かされつづけるこの事態からは、一片の道理も見出すことができません。

米兵による犯罪の中で、とりわけ人々を震撼させたのは、一九九五年九月四日、本島北部において、三名の海兵隊員がひきおこした少女暴行事件です。これに対して、県民は、復帰後最大規模（八万五〇〇〇人）の総決起大会をもち、米軍基地の整理縮小・日米地位協定の見直し等を求めました。しかし、その後も、前掲数字のとおり、米軍の犯罪はやむところがなく、一例を挙げれば、凄惨きわまる事件ですが、二〇一二年一〇月一六日に本島中部において、二名の海兵隊員が通行中の日本女性に対して集団暴行（強姦）致傷強盗事件を起こしています。まさに、人間の尊厳が弊履のごとくに踏みにじられているのです。

以上に挙げた事実（事実のほんの一端ですが）からすれば、沖縄においては、人々の平和的生存権の侵害は明白であり、この権利の主張が、それだけで――つまり、安保条約・駐留米軍の違憲を論ずるまでもなく――成り立つことは当然である、とも思われます。ただ、われわれの追及すべきは、一般論、つまり前文第二段末尾のフレーズをなぞることにとどまらず、司法過程、とりわけ裁判において平和的生存権を主張することの意味、いいかえれば、他の諸権利に加えて、ほかでもなく平和的生存権を主張することの必要性と、主張することによって得られる効果を明らかにすることであるといえます。

以上のような状況を基本にしつつ、ここでとりあげている二つの訴訟において平和的生存権論がどのように位置づけられているかを改めて確認おくことにしましょう。

2　二つの訴訟における平和的生存権論の位置

（1）那覇市軍用地訴訟の場合

那覇市軍用地訴訟では、原告市長側は、「本件各使用認定処分の根拠法である駐留軍用地特措法が安保条約及び地位協定の存在を前提にしているところ、安保条約が我が国の最高法規である憲法に違反するから、本件各使用認定処分も違憲無効である」旨主張していました。

その特徴は、安保条約の各条項（原告の挙げる順に、六条、三条、五条）を分説して、憲法前文、九条、九八条の違反ないし抵触を言うところにもありますが、私が注目するのは、何より、安保条約の平和的生存権違反を主張する、その仕方です。つまり、原告の安保条約の違憲論は、平和的生存権を含む前文への違反と九条への違反とを並列的に位置づけていました。私の、平和的生存権と九条の関係についての理解は、先に述べたとおりですが、平和的生存権を九条と並列させてとらえるものではありません。原告は、平和的生存権を前文の中でとらえ、安保条約はそのような前文にも九条にも違反するという論理をとって、平和的生存権の独自の機能を重視していなかったようです。はたせるかな、裁判所は、先に見たとおり、前文一般についての判断――安保条約が前文の趣旨に違反することが一見極めて明白であるとは認められない、との論理――でもって、平和的生存権自体にかんする解明のないまま、簡単に斥けています。せっかくの原告側違憲主張であるのに、残念至極というほかありません。

やはり、憲法の規範構造、すなわち、前文が、恒久世界平和達成への強い決意を示す文脈において「平和のうちに生存する権利」を国民の文字どおり主観的権利として定め、それを受けて九条が、戦争の放棄と武力の不保持および交戦権の否認を政府に命じる客観的制度を設定したものであること、つまり平和を人権の不可欠の前提と捉えていることをまず確認することが必須です。その上で、安保条約・米軍駐留の九条違反を正面から問い、それが侵害してやまない平和的生存権を根拠に、市民が安保・米軍の違憲を訴訟上問うという論理構成が、ここでも求められたのではないか、と考えるのです。

(2) 沖縄代理署名訴訟の場合

一方、沖縄代理署名訴訟では、被告知事側は、安保条約・米軍駐留の違憲を主張することなく平和的生存権を論じました。すなわち、第一審において、「安保条約が合憲であり、米軍の駐留が憲法上許容されるものであるとしても」駐留軍用地特措法は違憲である、との論法を用い、また上告理由の中でも「日米安全保障条約及び日米地位協定に基づきアメリカ合衆国軍隊の我が国における駐留を認めることが憲法に違反するものでないにしても」駐留軍の用に供するために土地等を強制的に使用・収用することは、憲法前文・九条・一三条で保障された平和的生存権を侵害し、憲法二九条三項に違反する、という論理を採ったのです。

こうして、原告みずから安保条約違憲を主張しないことを明示していたわけですが、これにいわば付け入るかのように、第一審那覇地裁は、駐留軍用地特措法は安保条約六条および地位協定を実施するために制定されたものだから、それだけを切り離して違憲と判断することはできない、という見解を示し、また最高裁は、安保条約が合憲であることを前提にして判断を進めるという、先例（砂川事件上告審判決）の手法からも逸脱した判示をおこないました。

この訴訟で、知事側のおこなった、県民の平和的生存権に対する侵害がいかに広範かつ深刻であるかについての論証は、微に入り細を穿ったものになっています。すなわち、先にもふれましたが（第Ⅰ部第三章2（3））、沖縄戦における県民の戦争体験、戦後も続く米軍の戦争行為による、人の五感をとおして受ける恐怖が語られます。それは、視覚・聴覚・嗅覚・味覚・触覚のそれぞれにより認識できる平和的生存権侵害の無数の事実です。そして、それらが、在沖米軍の戦争行為（戦争準備行為等を含む）による沖縄県民の具体的な平和的生存権侵害に他ならない、とされるのです。なお、安保条約の違憲を主張しなかったことについて、裁判運動の観点からの推測をあえて差し挟むならば、この職務執行命令訴訟で被告知事側を支える弁護団・支持団体などの安保条約・地位協定、米軍駐留への評価と大きく関係し、深い議論の末の選択であったに違いあるまいと思われます。

実際、このような、沖縄における平和的生存権侵害の弁証は安保条約違憲にふれなくても十分可能だという認識は、在沖の論者にも共有されています。沖縄の米軍統治下および復帰後それぞれの時期における平和憲法史を扱った論説（高良鉄美〔巻末・参考文献参照〕）は、沖縄においては、この二つの時期をとおして平和的生存権の侵害が抽象的なものでないことは明らかであるとして、日常的に目の当りにする米軍による事件・事故の現実を詳細に叙述しており、それはきわめて有益です。ただ、そこでは、いうまでもなく、米軍駐留の根拠としての安保条約ないしその体制のひずみが問題とされていますが、その違憲性を平和的生存権と結び付けて論じることは、明示的にはなされていません。

もとより、こうした平和的生存権侵害の具体的実証の作業は、この権利の主張にとって重要かつ不可欠のものです。また、とりわけ沖縄における米軍基地に起因する平和的生存権侵害を論じる際に、安保条約の九条違反と結びつけることなくこれを主張することが必要な場合があることも事実です。ただ、私によれば、すでに繰り返してきたように、平和的生存権は、客観的制度規範としての九条の定める不戦非武装の禁止命令に反する公権力の行為に対して、市民が抗議し、それを是正させるための権利、いいかえれば、国家の根幹のひとつを成す軍事制度を市民がコントロールするための主観的権利であることを本質としています。たしかに、在日米軍や自衛隊の違憲性を問わない平和的生存権主張は、他の諸権利の基底にあってそれらを支え、またそれらを補って人権救済に資することになります。その役割は大きく、その必要性は評価されます。とはいえ、その手法では、この権利の本領を発揮させることにはなりません。やはり、私は、問題の根本的解決、つまり苛酷な現実をもたらしている根源である安保体制の問題を明らかにしてそれを取り除くところにまで進むことが待たれているものと考えます。

結局、重要なのは、この二つの可能性を、沖縄の現実に即して追究し、正しく位置づけることであるといえます。憲法学における平和的生存権研究も、その役割と責任を担うことになります。

補章　沖縄の平和思想の特質を考える

〔まえおき：「沖縄の平和思想」とは〕

人が、その生命を国家のする戦争の暴力によって損なわれることなく、平和のうちに生きたいという願いは、今日、平和的生存権として法の世界で確保されるに至っています。そして、日本国憲法がそれを一国の憲法上の権利にまで高める先鞭をつけたわけです。このことが、とりわけ沖縄についてはかけがえもない大きな意義をもっていることを、これまでに述べてきました。このような、人類の平和への願いを思想のレベルで結晶させたものが「平和思想」ですが、ここでは、平和的生存権に深く関連するものとして、沖縄の平和思想のありようについて、その一端を考えておきたいと思います。

ただ、「沖縄の平和思想」という場合、そうしたものが一見くっきりと存在しているように見えますが、実は、今日の（一応沖縄戦以降の、いわゆる現代の）広い意味の平和運動の中で形づくられ、あるいはその運動の中で過去の歴史的事案が拾い上げられて具象化されたものにほかならないことがわかります。また、それは、本土の平和思想に吸収されたがゆえに形が見えないのではなく、この点での本土とのつながりは、存外、薄いもののように思われます。そして、これも意外の感を禁じえないことですが、個人のレベルで形成された平和思想それ自体を、若干のものを除いて、管見の限りでは認めることができないのも事実です。

もっとも、以上のような観方とは異なって、沖縄には――琉球王朝以来、琉球・沖縄をとおして――「非暴力」を特質とする平和思想が歴史上一貫して確固として存在してきたという言説が、牢固として主張されており、それは、とくに「命《ぬち》どぅ宝」などの語の少々便宜的さらには恣意的な使い方と相まって、強い伝播力をもっています。私は、それが学問的に裏付けられた言説であるのか、強い疑問を抱かざるをえません。そこでまず、そうした立論をどのように受けとめるべきかの考察から、入ることにしましょう。

1 「非武」の思想（非暴力主義）の論じ方

(1) 琉球・沖縄史における「非武」の伝統

歴史をとおして沖縄、あるいは沖縄人の「心」ないしアイデンティティが語られるとき、しばしば、伝統的な平和志向・非暴力思想が指摘されます。一般的な言説として、県民意識の特徴は、熱烈な郷土意識・独特の郷土文化に対する愛着と誇り・伝統的なヨコ型社会の人間関係などとともに根強い反戦平和の志向にあり、またそれは、日常の生活文化の中で、「ぬちどぅたから（命どぅ宝）」（お金ではなく命こそ宝）、「いちゃりばちょうでー（行逢りば兄弟）」（出会えば皆兄弟）、「ちむぐるさ（肝苦さ）」（他人の不幸を見ると自分の心が痛む）、「なんくるないさ」

〔たいしたことないよ〕などの言葉で表現されます。つまり、それは、県民のもつ非暴力・寛容・共生・柔軟性・開放性の特徴を言いあらわしており、そして、今日の沖縄県の『県是』である「平和・自立・共生」にも反映している、とされるのです。

さらに、こうした平和志向は、琉球王国が「守礼の邦」であり、「非武の文化」をもつ国家であったという認識から発し、その後沖縄に伝統的な非暴力の文化として根付き、今日に至るまで精神風土として持続している、と理解する仕方が相当に行きわたっています。しかし、こうした見解については、これをそのまま受け容れるには若干以上の、慎重な留保が必要であるように思われます。

すなわち、後にややくわしく検討しますが、すでに指摘〔波平恒男〔巻末・参考文献参照〕〕されているとおり、この「非武」の思想は、一九四五年の、沖縄県民の四人に一人を死に至らしめた沖縄戦と、引き続き二七年間にも及ぶアメリカの軍事的圧制、さらに七二年の施政権返還後も日本国憲法の上に日米安保条約の法制を置いて、そのもとで存続しつづけている米軍基地による人々への生命と人権の侵害およびそれらに対する抵抗という、戦後の苦難の体験をとおして、沖縄県民の歴史的な「集合的記憶」が呼び起こされたと見るべきであると思われます。つまり、人々は、そうした過程で「琉球の『非武の文化』という伝統や、『大交易時代』の平和国家のあり方に誇りを見出すようなアイデンティティを培ってきた」のであり、言い換えれば、「沖縄の住民は、このような琉球・沖縄の過去の歴史と引照しながら理解し、繰り返し反芻するなかで、その集合的な歴史意識を形成し、発展させ、社会的に共有してきたといえる」と考えるべきでしょう。

このように、沖縄の非暴力思想の伝統については、慎重に立ち入って考察する態度が必要であると思われますが、立論の中には、琉球・沖縄の平和思想は非暴力主義を根幹とするものであるとの前提をア・プリオリに立て、それが琉球王朝以来今日に至るまで主要な歴史事象を貫いている、と説くものまであります。項を改めて、それに言及しておきます。

(2) 歴史超越的な「非暴力主義」理解の一例

ここで取り上げる論稿(安良城米子〔巻末・参考文献参照〕)は、この稿の執筆作業の途上でたまたま目にとまったものであり、他にも同趣のものがあるのか管見の限りではわからないのですが、相当強い印象を受けたので検討の対象としました。率直に述べることをおことわりしておきます。

この論者は、「『非暴力』という視点で沖縄の平和思想を考えていきたい」という前提に立ちます。つまり、「沖縄の人々は、歴史的にも対外的に争いを好まぬ、平和志向の強い人々、すなわち『平和愛好の民』といわれてきており、それは、琉球・沖縄の人々の対応・行動を一九世紀に琉球に来た欧米人が観察した記録をとおして考えた場合、特徴的であるということができる」とします。さらに、「対外的あるいは巨大な力(権力)に対峙する際は、その行動が伝統的にあたかも琉球・沖縄の人々の遺伝子に組み込まれているかのごとく、『非暴力』の行動を貫いているのである。それは、時空間を超えた『非暴力』の精神として言説化されよう」と断言しています。そして、それを前提にして、ひとつに、来琉異国船への平和的対応が好例であるとして、一八一六年来航のバジル・ホール艦長らへの対応、一八三七年の「リリアン・チン書簡」の記述、一八四〇年来航のインディアン・オーク号への対応、一八五三年のペリー提督来琉への対応を挙げます。「『外来者を受容』するとは、『イチャリバチョーデー』の精神を顕したものであり、その精神は琉球人が『平和愛好の民』であることの証となったが、武力行使をちらつかす『外来者』には、『命どぅ宝』の精神で『妥協』したといえよう」。こうして、「一九世紀の沖縄は、対外的に『非暴力』により生き延びた」というのです。

もうひとつの事例は、この論者によれば、沖縄戦後の米軍への「非暴力」的対応であるとされます。一九五〇年代の「土地闘争」では、「農民の非暴力に徹した行動は、対する米軍にも物理的暴力をふるわせにくくする作用を及ぼすことになったのである。すなわち、非暴力の行動をとることによって、米軍による住民への弾圧をも回避できたといえよう」と見ています。また、一九六二年二月琉球政府立法院による、施政権返還を要請する「二・一決議」には、「国連憲章に依拠した平和的手段による施政権返還に向けての沖縄住民の総意として、歴史的意義がある」としています。さらに、一九七〇年一二月二〇日のコザ暴動は、「沖縄の歴史上未曽有の『大事件』」であり、「沖縄住民が一貫して取ってきた『命どぅ宝』精神を根底においた『非暴力主義の極限』としての行動であった」と言います。そして、一九九五年の米兵による少女暴行事件に抗議する「一〇・二一沖縄県民総決起大会」については、「非暴力の『島ぐるみ』の集団的抵抗行動として、歴史的抵抗行動の記憶を継承しながら、肯定的位置づけが可能な『平和愛好の民』言説を、顕在化した一大平和行動であった」としています。

このように、一事が万事、「非暴力」思想が貫徹しているとの観点からの叙述です。「一面的な見方となっている部分も多々あると感じている」とことわってはいますが、もはやこれは、この論者の観点に叶った事象だけを拾い上げた、あるいは事象に自己の解釈を施して並べただけの作品です。なお、この論考に先立って提出された同趣旨の修士論文（沖縄国際大学大学院地域文化研究科南島文化専攻、二〇〇四年）では、上記の諸事例の他に、徴兵忌避の行動を取り上げており、沖縄では徴兵制施行後二年が経過しても忌避行動が跡を絶たなかったところに「命どぅ宝」の強い意思の現われていると考える、としています。

なお、とりわけて理解しがたく感じたのは、この論者が、沖縄の非暴力の平和思想が「最大の暴力装置である現在の軍事基地の撤去を実現させきれてない要因であるともいえる」とし、重ねて、「外来者に対する『受容』の精神が、長期にわたって米軍基地を撤去させきれない要因になっていることも否めない」と述べていることです。私は、この個所ではわが目を疑い、幾度も読み直したほどでした。

このような謬説は、歴史超越的な認識から生まれたものと思われますが、これを他山の石とした上で、次に、とくに琉球王朝期の若干の事象について、わずかなりとも検討を加えておこうと思います。

(3) 琉球史にみる武備と「非武」――若干の事象をめぐって

① 一九世紀初頭の来琉欧人の伝えた琉球「非武」の実相

沖縄を「非武の邦」だとする言説がほぼ共通して論拠とするのは、琉球王朝が非武装の国であったとする認識です。それにかんしてよく引かれるものは、一九世紀初頭に琉球に来航したいわゆる異国人の航海記とその欧米諸国への伝播です。中でも、一八一六年にイギリスの艦船アルセスト号とライラ号の二隻が中国使節団としての任務の傍《かたわ》ら朝鮮と琉球を訪れ、那覇に四〇日ほど滞在したが、ライラ号艦長のバジル（ベイジル）・ホールがイギリスへの帰途、一八一七年、当時セントヘレナ島に幽閉中であったフランスの前皇帝ナポレオンを訪ね、「武器のない国」琉球の話を伝えて彼を驚かせた、という逸話はよく知られています。

すなわち、バジル・ホールが著した『朝鮮・琉球航海記』は、武器をもたぬ国琉球について、次のように記述しています。――琉球において「われわれは、いかなる種類にもせよ武器というものをみていない。島の人々も、武器は一切ないと断言していた。マスケット銃を発射した時の様子をみれば、火器を知らないことは確かだと思われる。／島の北端にある一軒の小屋で、武器としか思われない一本の槍を見たが、これとそっくりの槍が、魚を突くために使われているところからみて、これも単に魚を取るためだけのものと信じてよいであろう。／彼らは我々の長剣と短剣にも、またマレーの短刀や槍に対しても、まったく同じ驚嘆を示した。明らかにそのいずれをも見たことがないのである。首長たちは袍衣のふところあるいは帯の間に、鞘に入った小刀をさしこみ、下層の者は、もうすこし大型の小刀を持ち歩いていたが、それらは何らかの実用的な使用目的をもつものであって、護身用でもなければ装飾用でもない。彼らは戦争を経験したこともなく、戦争についての言い伝えも知らないと言っていた」（／は、原文で改行）（ベイジル・ホール＝春名 徹訳『朝鮮・琉球航海史―一八一六年アーマスト使節団とともに』岩波文庫・一九八六年）というものです。

併せて、同書を抜粋紹介した真境名安興は、尚温王の冊封のために来琉した周煌の言葉、「小国の大勢弱ければ則ち久しく存し、強ければ則ち速やかに敗らる。琉球の俗頗る兵を言ふを諱む」を引用して、次のように解説しています。――「琉球は尚氏の初期よりして殆ど武器を撤去し平和的外交術を以て統ての問題を解決せんとしたるなり。是れ自存自衛の最善なる方法にして亦四百余年間の太平を贏得せし所以ならんか。其他外国人に物品を給与して代価を受けとらざりしことも畢竟《ひっきょう》平和的外交術より出でしものにして恩恵を与へて他日の係累を避けんとせし意に外ならざるなり。此政策も亦終始一貫せしが如し」（与那国 暹〔巻末・参考文献参照〕）と。

また、ライラ号から一一年後の一八二七年に来琉したイギリスの探検船ブロッサム号の艦長ピーチーも、琉球の人々について、「かれらは甚だしくおとなしく柔弱にみえるので、かれらは戦争になるよりは、むしろ、じぶんのもっているものを何もかも投げ出してしまってよいと思っているのではないかとさえ想像されるほどである」と書き残しています（前引・波平論文による）。

――これらは、あたかも琉球人が争うことを知らない民であり、琉球が確固とした非武の文化をもつ邦であって、「命どぅ宝」の信念は、その淵源をここに見出したくなるような史料ですが、事実はさほど単純ではありません。前引したバジル・ホール『航海記』の記述からして、その訳者は、次のように注記しています。――「武器というものを見ていない――このホールの記事によって有名になった誤解の一つ。しかし、これにも理由がある。／〔島津氏侵攻（一六〇九年）後の〕琉球の武器は薩摩の在番奉行の厳しい管理下におかれていた。……琉球社会では士身分の帯刀は一般的ではなく、近世〔本土〕諸藩のような帯刀が身分標識としての意味をもたない。……一八〇〇年に来琉した冊封使・李鳳元は、『此国武器なきも文教を以て治むるに感心す』と述べている。が、これは琉球国の支配形態を一面的にとらえたにすぎず、実際には在番奉行所が管理している武器類は冊封使らの目にふれぬように、浦添の龍福寺へ移管・封印されていたのである。……したがって、ホールから琉球人はまったく武器をもっていないという話を聞いたナポレオンが驚いたという有名なエピソードは、真相から遠い。武器は支配階級の手に握られていたのである」〔／は、原文で改行〕というものです。

まことに、「ある民族や、国民の性格が本質的に『暴力的』あるいは『平和的』であるということはありえない」（前引・与那国著）というのが正鵠を射たものといえるのではなかろうかと考えます。そのことをめぐって、項を改め、琉球史から若干のものを取り上げておきたいと思います。

②琉球王朝期の「武備」

確認的に述べるにとどまりますが、琉球史における軍事は、一五世紀から薩摩侵攻の一七世紀初頭までの第一尚氏王統・第二尚氏王統（前期）の時代には武備が整い、それゆえに、奄美大島の征服（一四二九年尚巴志の三山統一の後）、喜界島遠征（一四六六年尚徳）、さらに八重山のオヤケ・アカハチの「討伐」（一五〇〇年尚真）以降宮古・八重山の支配を強化するなどの武力政策を押し進めました。その後、尚真の在位期（一四七七〜一五二六年）に、支配体制の完成を目指す一環として、各地の按司勢力から武器類を接収する「刀狩り」をおこない、それを一元管理の下に置く、その意味での「武備撤廃」の方針が採られました。その上で、一六〇九年からの薩摩支配の時期に、武具統制が徹底されました。つまり、琉球は、強制されて「武器なき国」になったのであり、先の、ホールたちの見たのは、このような琉球だったのです。

加えて、琉球社会の構造上の特質にも目を向ける必要があります。つまり、《沖縄には百姓一揆がなかった》といわれる、その要因です。一書（比嘉春潮ほか『沖縄』〔巻末・参考文献参照〕）によれば、次のごとくです。――「沖縄の村は、それ自体局地的小宇宙であり、まさに文明国にはみられぬ『平和の天地』であった。民衆は、この小宇宙に生まれ、そこで成長し、そのなかから妻を迎え、みうちのものにとりまかれるなかで、はげしい個人的利害を経験させられることなく生き、そして死んでいった。そこには、自足と安逸と牧歌的な平安とが支配した。／そして、この小宇宙の封建的孤立性は、村落相互のあいだに、共同の利害とそれにもとづく連帯意識を産み出すことを極度に困難にした。……間切りがちがえば語彙が相違し、村がちがえばアクセントが異るという状態では、支配者にたいする組織的抵抗や反乱は、発生する余地がないのは当然だったといえよう」と。薩摩支配下の琉球王朝の支配層は、民衆をこのような状態に置いて統治をつづけたのです。それは、苛斂誅求《かれんちゅうきゅう》の税制に見られるとおりの苛酷な民衆支配でした。そのことからして、琉球王朝がたとえ平和的外交術を採っていたとしても、そこに、本来、生命の尊重・人間の尊厳の理念と結びつくべきはずの非暴力思想などを認めることは、けっしてできるものではないと、私は考えます。

なお、付記するなら、「命どぅ宝」（命こそ宝物、この世に命に勝るものはない）ということばは、琉球王国時代（ましてやそれ以前）から、語り継がれてきたものではないことに留意しておきたいと思います。それは、むしろ沖縄戦や米軍支配下の戦後沖縄社会がはぐくんできた、現代の人々のアイデンティティのひとつであり、平和を求めるときに用いる象徴的な表現です。すなわち、このことばは、昭和初期に、沖縄出身の作家・画家であった山里永吉の作に成り、その史劇（『首里城明渡し』や『那覇四町昔気質』、『国難』）の中で、薩摩藩ないし明治政府から沖縄退去を命じられた琉球国王に、別離の琉歌として、〝戦世も済まち　みろく世もやがて嘆くなよ臣下　命どぅ宝〟と詠じさせたものなのです。

これが広く使われるようになったのは、沖縄戦生存者の間で、一九七〇年代末からであったといわれます。よく知られているものとして、一九八四年開設の伊江島の反戦平和資料館は、「ヌチドゥタカラの家」と名乗っています。――いずれにせよ、『命どぅ宝』を、「沖縄の非武の思想」が琉球王朝以来幾世紀にもわたって根付いているものだと主張する論拠として用いることは、正しくないといわなければなりません。

さらに、こうした言説と併せて、『万国津梁の鐘』の銘文がとりあげられることがよくあります。一四五八年に尚泰久王の命により鋳造され、首里城正殿に掛けられたもので、そこには、大意つぎのような漢文の詩が刻まれています。——「琉球国は南海の勝地にして、三韓（朝鮮）の秀を鐘め、大明（中国）を以て輔車となし、日域（日本）を以て唇歯となす。此の二の中間に在りて湧出するの蓬莱島なり。舟楫を以て万国の津梁となし、異産至宝に充満せり。地は霊、人は物え、遠く和夏の仁風を扇ぐ。故に吾王大世主（尚泰久王の神号）、庚寅（一四一〇年）慶生の尚泰久、茲に王位を高天に承け、蒼生を厚地に育む。（下略）」というものです。

これは、仏教の加護によって国内の安定を図るために造られたものですが、当時の琉球の海外貿易の隆盛・制海の気概をよく表現しているといわれています。もとより、ここに、国際協調の姿勢を見出すことはできますが、ただ、これをもって沖縄の平和思想を具現したものとするのは適切ではないといわなければなりません。

2　沖縄戦後における平和思想

(1) 非暴力主義の抵抗——伊江島における土地闘争に見る

沖縄は、アジア太平洋戦争において、住民を巻き込む大規模な地上戦がおこなわれ、戦後、四半世紀を超える二七年の長きにわたって日本の領土から切断されて、米国の軍政の下に置かれました。この異民族支配は、沖縄県民の人間の尊厳と基本的人権を絶えず侵害してやまないものであり、人々は当然起ち上がり、大衆運動でもって抵抗してきました。これを原点にした今日までの沖縄の戦後民衆運動の歴史は、論者によれば、次のような特質をもつものとされます（前引・波平論文）。

すなわち、「第一は、沖縄戦に直続する形で米軍の直接占領と基地建設があり、その後も軍事優先の米軍統治下において沖縄住民はさまざまな形で人権を蹂躙・拘束されてきたこと、しかしそれに屈することなく、非暴力の抵抗運動其の他によって抗議の意思を示しつづけてきたことである。第二は、そうした米軍政から脱却するために住民の日本復帰運動が高揚したが、その内実も当初の民族主義的色彩の強い段階から『自治権拡大』闘争を経て六〇年代後半の『反戦復帰』運動へと発展していったことである。そして最後に、これらの戦後沖縄の大衆運動の歴史には、『非武の伝統』への回帰（再選択）という形をとった『反戦平和』の思想や心性の発展が一貫して見られたことである」というものです。とくに、上記のうち最後の指摘は、ここでの考察にとって重要な意味をもつものであると思います。

こうした抵抗運動における非暴力の思想を最も典型的に示したもののひとつは、一九五〇年代の「土地闘争」で採られた民衆の行動形態です。この闘争の経緯をかいつまんで記しておきますと、沖縄に軍政を敷くアメリカは、五〇年代に入ると、新たな基地建設のための土地接収を開始しました。五三年四月には旧真和志村銘苅で、九月には読谷村渡具知・古堅で、一二月には旧小禄村具志で、そして五五年三月には伊江島で、七月には旧宜野湾村伊佐浜で、抵抗する住民を「銃剣とブルドーザー」によって排除しつつ、米軍は強制的土地接収を繰り返しました。その上、米軍は、実質的な土地取上げを企図し、接収した軍用地の地代一括支払い計画を推進しました。五六年六月に公表されたプライス調査団の米下院軍事委員会への勧告は、米軍の沖縄基地の重要性を指摘しつつ、その恒久的確保のために軍用地代一括払いが必要であると強調していました。そして、このプライス勧告を契機に、これに反対して、五六年の後半以降、「土地を守る四原則」（地代一括払い反対・軍用地使用料の適正補償・住民に与えた損害の賠償・新規土地接収反対）を掲げた「島ぐるみ闘争」が沖縄全域で展開されたのです。

その中で、伊江島では、米軍は、一九五三年七月から、爆撃演習用地接収のためとして、その年四月に公布していた土地収用令（米国民政府命令一〇九号）によって、真謝・西崎地区の住民に土地明渡しを迫りました。とくに五五年三月、住宅をブルドーザーで壊し、農作物とともに焼き払うという暴挙に出ました。農民は、武装米兵との非暴力による抵抗、琉球政府への陳情、断食を交えた座り込み、「乞食行進」（沖縄島をくまなく回って伊江島の実情を訴えた）など種々の戦術で粘り強い闘争をおこないました。そうした闘争において刮目されるのは、米軍との対応で弾圧の口実を絶対に与えないことを基本にした「陳情規定」を、真謝・西崎の全地主一同の署名・捺印による誓約をもってつくっていたことです。それは、

「一、反米的にならないこと。

一、怒ったり悪口をいわないこと。

一、必要なこと以外はみだりに米軍にしゃべらないこと。正しい行動をとること。ウソ偽りは絶対語らないこと。
一、会談の時は必ず坐ること。
一、集合し、米軍に応対するときは、モッコ、鎌、棒切れその他を手にもたないこと。
一、耳より上に手を上げないこと。（米軍はわれわれが手をあげると暴力をふるったといって写真をとる。）
一、大きな声を出さず、静かに話す。
一、人道、道徳、宗教の精神と態度で折衝し、布令・布告など誤った法規にとらわれず、道理を通して訴えること。
一、軍を恐れてはならない。
一、人間性においては、生産者であるわれわれ農民の方が軍人に勝っている自覚を堅持し、破壊者である軍人を教え導く心構えが大切であること。
一、このお願いを通すための規定を最後まで守ること。
右誓約いたします。

一九五四年一一月二三日
真謝、西崎全地主一同（署名捺印すること）」

というものです。

これについて、伊江島農民の運動を指導した阿波根昌鴻は、「無抵抗の抵抗、祈り、おねがい、悲願、嘆願、わしらはひたすらこれで押して行きました」と述べています（巻末・参考文献参照）。まことに、ここには非暴力の抵抗の姿勢が模範的に貫かれています。

（2）ハーグ条約を論拠にした米軍への宣誓拒否——瀬長亀次郎の武器なきたたかい

加えて私は、非暴力の、断固とした闘争姿勢を、瀬長亀次郎の中に見出すものです。この、徹頭徹尾米軍に屈しなかった沖縄民衆運動の不屈のリーダー（その活動を描いた映画のタイトルはあたかも『米軍が最も恐れた男』です）の全体像について語るには、十分な準備が必要ですが、それを後の課題にして、ここでは、同氏がした、米軍への宣誓拒否の論理に注目したいと思います（巻末・参考文献参照）。

すなわち、一九五二年に発足した琉球政府の第一回立法院議員選挙で当選した同氏は、政府創立式典において米国民政府の副長官・主席民政官に対して当選議員中ただ一人、宣誓することを拒否しました。この宣誓文は、「われわれは、茲に自由にして、かつ民主的な選挙に基づいて琉球住民の経済的、政治的、社会的福祉の増進という崇高な使命を達成すべく設立された琉球政府の名誉ある立法権の行使者として選任せらるにあたり、米民政府ならびに琉球住民の信頼にこたえるべく、誠実かつ公正に、その義務を遂行することを厳粛に誓います」というものでしたが、同氏は、宣誓は米軍支配者ではなく、選挙民たる沖縄県民に対してするものである、と主張したのです。

そして、重要なのは、その論拠に、ハーグ陸戦条約の「占領地の人民は、これを強制して、その敵国に対して忠誠の誓いをなさしむことを得ず」との規定を挙げたことです。米側が沖縄占領の根拠としているハーグ条約を、占領者に対する抵抗の武器としたわけです。この、法律論的抵抗のロジックの鮮やかさに私は目を見張らされる思いがします。もっとも強じんな抵抗をもっとも非暴力に徹した方法でおこなおうとする信念がこれを産み出したのだと考えています。

(3) 平和憲法への希求

沖縄戦後、アメリカの軍政支配の下で沖縄の民衆運動が祖国復帰を目指したとき、その理念を非武の日本国憲法に見出したことは、民衆運動自体が非暴力の思想を基軸とするものであったことと深く関連しているものと思われます。一書（前引・与那国 暹著）は、次のように述べています。――「沖縄県祖国復帰協議会（復帰協）は、結成の当初から事業項目の中に布告・布令の廃止と憲法の沖縄への適用を掲げ、『潜在している憲法の適用を顕在化する』ことを主目標としてきた。／とりわけ憲法前文の『平和主義』と第九条の『戦争の放棄、戦力及び交戦権の否認』は、大衆運動（復帰運動）の指導理念として、『非暴力主義』の反戦平和運動をみちびいてきた。／米統治下という沖縄の政治・社会的状況は、かつての薩摩による沖縄支配を彷彿させる局面をもっていたが、大衆運動は、あらゆる障害を突破して最終的に日本復帰を実現させた。民衆が要求した『基地のない平和な沖縄県』としての『完全復帰』にほど遠かったとはいえ、巨大な日米両支配権力に対抗するに、徹底した非暴力主義による大衆運動の勝利は沖縄の民衆に、かつてない自信と勇気をあたえるものであった」(／は、原文で改行)というものです。

そして、この著書は、こうした戦後沖縄における民衆の(非暴力の)反戦平和意識の登場は、米軍統治下で起こった社会変動の中でもっとも注目されるもののひとつである、としています。なお、こうした観方から、復帰協による一九六九年九月の「一一・一三統一スト」の際に、非暴力主義の確固とした運動方針が確認されたことも留意されてよいと思われます。すなわち、大衆運動に際しては「暴力は基地被害と同罪であり、平和な生活を破壊する」「暴力に抗議すると言いながら、暴力をふるう者を絶対に許してはならない」とする運動原則を貫き通したものです。そして、この実績は、戦後沖縄の大衆運動史の遺産といってよく、復帰協解散後も、この伝統は、沖縄の「反戦平和」を担う各運動団体に着実に受け継がれている、とされます。

このようにして、沖縄戦後の民衆の平和運動は、「非武」の伝統を選び直して、非暴力主義を基底とする思想を形成してきたということができると考えます。

3　琉球人牧師の担う平和思想の一例：比嘉静観の「無戦論」

沖縄の平和思想の特質を知ろうとするとき、本土の近代史において多く個人によって形成されてきた平和思想との関連を探ることは、欠かせない一課題であるといえます。ただ、この章の冒頭で記しましたが、沖縄においては、個人の名と結びつくような平和思想はほとんど見いだすことができないように思われます。

なお私見にすぎませんが、沖縄の場合、平和思想に限らず、近代的な思想の萌芽・形成自体が遅れたことは否めず、また、特殊な一要因として、沖縄における自由民権運動が、その主要な担い手であった謝花 昇が時の奈良原県政の権力によって抑え込まれたことによって、十分な蓄積のないままに壊滅したことも、その後の平和思想の形成・発展に著しく否定的な影響を及ぼしたと考えられます。それらの事情から、戦後の沖縄の平和思想は、先に述べたように、歴史の中で集団的に紡がれてきた民衆の意識が呼び出され、大衆的平和運動をとおして非暴力の理念として結実したものと思われるのです。

そうした中で、在外の沖縄人によって育まれた「無戦」の思想が注目されます。もっぱら、一つの先行業績（比屋根照夫「無戦論の系譜」〔巻末・参考文献参照〕）に依拠することになりますが、以下に紹介しておきます。

この「無戦」論の担い手は、比嘉静観（本名 賀秀。一八八七〜一九八五）です。主に海外（ハワイ）で牧師として宗教活動・文芸活動に従事しました。ハワイに渡ったのは、沖縄バプテスト教会と思想上の衝突をし、同教会の牧師を辞任したのち、一九一六年に伊波普猷とともに「沖縄組合協会」を創設して宗教革新運動を展開し、一九二一年九月、ハワイ・メソジスト教会の招聘を受けたことによります。静観は、内村鑑三の「非戦論」を極限的に押し詰めて、後に述べるように、「無戦世界」の構築と「資本主義の撤廃」まで主張しました。その点で、伊波普成（月城。普猷の実弟）以上の思想性の高さがあったといわれ、近代沖縄でもっとも「進歩的」な牧師・宗教家であったと評されもしています。

その思想をあらわすものとして、一九二〇年代初頭にハワイの労働争議に触発されて、「労働運動の進行曲（マーチ）は世界中に響く……資本の権威に恐れてはならぬ　時偶起る逆風と暴風に驚くな　虚偽の指導者を見抜け　正義と善美は　神に寄《〔ママ〕》れる真心と愛の外にない　決っ《〔ママ〕》と勝利である　必然の解決である」と謳う「労働詩」を書いたものがあります（『生命の爆音』一九二二年）。これは、「宗教のプロレタリア化」を目指したものと受けとられています。静観は、第一次大戦の惨禍をふまえて、世界秩序が「無戦世界」に導かれなければならないと考え、そのために「教会が戦争廃止の連盟をつくって活動」することの重要性を説き、「国際連盟と国際法と万国仲裁裁判」の必要を唱えました。さらに、「戦争は軍国主義によりて起こ〔る〕。……軍国主義は国家主義の所産であり、近代の帝国主義的国家主義は資本主義の所産で〔ある〕。……地球上より戦争を撤廃して平和の世界を来たらせようとするには、……軍国主義の根底たる資本主義の撤廃を計らねばならない」との主張に行きつきます。

そして、この「資本主義の撤廃」によって「無戦争世界」を樹立するために、「黎明協会」を設立しました。それは、「人間のための民衆のための生命のための会であり、……イエスと使徒時代における共産的一大家族としての相互扶助の生活を営みつつ進む協会」であるとされました。つまり、「イエスの精神の下に、真に選ばれたプロレタリアとして、人間社会のモデルを創造する共同生活・共同事業の実現」を目的とするものでした。そして、そこには、強い

「世界人主義」（コスモポリタニズム）が貫徹しています。

以上が、先行業績にもとづく比嘉静観の「無戦論」の紹介ですが、それは、原始キリスト教精神と空想的社会主義を融合させた純粋で強烈な平和思想であると思われます。たしかに、この論者の述べるように、「憲法九条の平和主義を今から八〇年余前に表明したものであった」と位置づけられるものといえるでしょう。ハワイという、当時のわが国天皇制権力の野蛮な治安維持法体制の及ばなかったところであってこそ主張しえたわけですが、その歴史的・社会的背景をいっそう深く知る価値があると考えます。

4　沖縄県民の努力と平和思想の発展

以上に粗描したところから、沖縄の平和思想というとき、沖縄戦後の米軍政および復帰後の安保体制下の過酷な政治史の中で、非暴力主義を特質とするものとして形成され、その過程で過去に民衆（権力ではなく）が育んできた非武の伝統、あるいはその断面が想起され、選び直された、といえましょう。そして、今日なおも、沖縄の平和は、米軍とその従僕の役割を甘んじて引き受けていると評さざるをえない日本政府とによって蹂躙されており、そのことからまた、平和思想も日々鍛えられているといってよい、と思います。

沖縄県民が、米軍と米軍人のもたらす生命と身体・財産への侵害を、今に至るも、日常的に蒙っている根本的理由は、日本政府が沖縄県民の側に立たないことにあります。県民が米軍基地に基因する事件・事故に抗議し、新規の基地建設に反対し、そしてその意思を選挙をはじめとする公の場でいくら表明しても、日本政府はそれを一顧だにしません。「負担軽減に努める」などという常套句は、沖縄人は「負担」に耐えて当たり前だ、と言い放ったことを意味します。これに対しては、県民は当然に、さまざまな手法で不断のプロテストを続けており、屈しません。その手法の中で刮目されるのは、万単位の人々が結集する県民大会です。

それは、少女暴行抗議、女性暴行殺害抗議、教科書検定意見撤回、オスプレイ配備反対、新基地建設阻止等々を主張するものですが、民意を結集した、典型的に平和的な抵抗の方法です。その中で、二〇一八年八月一一日の、辺野古新基地建設の土砂投入阻止を掲げた七万人の集会にふれますと、それは、不幸にも、その三日前に急逝した翁長雄志前沖縄県知事を弔う追悼の場ともなりました。こうした県民集会をはじめ、人々は、事件・事故のたびに抗議の表明や嘆願、また住民保護のための条例制定のための請願、デモ行進やカヌー隊による直接的抗議等々を重ねており、また自治体も、日本政府に対する抗議や要望を怠ってはいません。このような民衆多数の意思表示があっても沖縄における米軍基地問題が解決しないというのは、民主主義国家では本来生じるべくもない不条理というほかありません。それでも、人々は、《勝つことはあきらめないこと》を標語にして、日々努力しています。そのような民衆の中で、きっと、現代沖縄の平和思想は、いっそう発展したものへと育っているにちがいありません。

この点で、故翁長知事が、みずからは保守（自民党）の政治家でありつつ保革を超えて（「イデオロギーよりアイデンティティ」）県民の総結集（「オール沖縄」）を図り、終始一貫県民意思に従って政府の悪政と対峙しつづけたことは、その姿勢自体が沖縄の平和思想を具現化した一典型といえます。私にも、翁長氏の思想から啓発を受けた鮮やかな思い出があります。二〇一六年六月一九日の米兵による沖縄女性の暴行殺害事件に抗議する県民大会でしたが、知事は、女性殺害を防げなかったことを行政の長として詫びた上で、沖縄県民の保護を日本政府に期待することはできないと言い切り、県民の生命を守る手立てを県民で考えよう、と訴えました。沖縄では真夏の炎天下で六万五〇〇〇人の人々の一人としてそれを聴いたことが、その後、米軍を規制して住民を守ることを自治体の条例によって図ろうという《住民保護条例》の提唱につながりました（第Ⅰ部第二章2参照）。翁長氏の言葉は、強い伝播力をもって県民の心を打ったのです。民衆の行動自身が平和思想の形成の一回路である、と考える次第です。

あとがき――山積する課題

この本は、人々が平和に生きることを支える憲法上の権利、「平和的生存権」を主題にして、それを沖縄で、また沖縄から考えようとしました。それをとおして、沖縄の人々の平穏な生活を壊している米軍基地、およびそれの土台となっている日米安保・地位協定の体制が、日本全体の人々に共通した苦悩をもたらしていることの一端が明らかになったと思います。それで、問題がもっとも深刻な形で生じている沖縄を論じることは普遍的な意味をもち、日本の危うい現状を切り拓いて、平和な未来を展望することに貢献できると思います。

「はしがき」でふれましたように、私は沖縄に移住して九年になりますが、その間、沖縄の米軍基地問題は、本質的にまったく解決されていません。一例ですが、本書執筆が終盤にかかっていた今春に私たちが直面した問題も、このことをよく示していると思います。

それは、新型コロナ・ウィルスと米軍基地の関係です。この春以来、この感染症は、ＷＨＯがパンデミックを宣言するまでに世界的に猖獗《しょうけつ》をきわめており、その克服は人類的課題となっています。日本も例外ではなく、この困難を乗り越えて人々の生命を守る必死の努力が重ねられている中で、つぎのような報道に接し、心底恐怖を覚えました（三月三日付沖縄タイムス）。――二月二八、二九日に韓国での訓練を終えた在沖海兵隊と海軍の約三〇〇名が嘉手納基地に戻った。韓国でも感染が拡大していて、在韓米軍基地内にも感染者がおり、彼らは帰還兵の中には含まれていないというが、兵士たちの入国の際の日本当局による検疫は、沖縄県側の要請にもかかわらずおこなわれていない。沖縄の米軍基地内でメディカルチェックをしたと米側から報告があったのみである。これは、日米地位協定によって検疫にかんする日本の国内法の適用が排除されていることに因る——という報道です。米兵は、基地内だけで行動しているわけではありません。外、つまり町中に自由に出て、住民と接触しています。あまつさえ、町中に住居を構えている将兵もいます。それにもかかわらず日本側の検疫はノーチェックであり、住民は、米軍関係者の感染状況はまったくわからないままで生活することを強いられているのです。主権国とはいえない状況であり、日米地位協定を対等なものへと抜本改定することの緊要性が、コロナ問題でも明らかになっているのです。沖縄を平和な島にする課題は、ますます大きく複雑なものになっています。

この本では、多くの問題について十分に論じることができませんでした。とくに、人々が平和に生きることを支える自治体の役割をつっこんで述べることができなかったのは心残りです。それらを含め、今後とも、憲法の眼をもって沖縄の平和実現のために研究を続けようと思います。忌憚のないご意見、ご批正をいただくことができましたらまことに幸いです。

この本を、沖縄、そして全国の平和を願うすべての人に捧げます。

主な参考文献（著者名 あいうえお順）

明田川融『沖縄基地問題の歴史――非武の島、戦の島』（みすず書房・二〇〇八年）
明田川融『日米地位協定――その歴史と現在』（みすず書房・二〇一七年）
阿波根昌鴻『米軍と農民――沖縄県伊江島』（岩波新書・一九七三年）
新城俊昭編『教養講座 琉球・沖縄史』（東洋企画・二〇一四年）
安良城米子「琉球・沖縄の平和思想――『非暴力』の視点から」石原昌家、仲地博、C・ダグラス・ラミス編『オキナワを平和学する！』（法律文化社・二〇〇五年）所収
新崎盛輝「解説」沖縄県編『沖縄 苦難の現代史――代理署名拒否訴訟準備書面より』（岩波書店・一九九六年）所収
井端正幸「沖縄の基地問題と平和的生存権」『法と民主主義』四六八号（二〇一二年）
沖縄県議会事務局編さん『沖縄県議会史』第1巻・通史編1（二〇一二年）
沖縄県知事公室基地対策課編集『沖縄の米軍基地』（二〇一八年一二月）、同編集発行『沖縄の米軍基地及び自衛隊基地（統計資料集）』（二〇一九年八月）
沖縄人権協会編『戦後沖縄の人権史――沖縄人権協会半世紀のあゆみ』（高文研・二〇一二年）
沖縄大百科事典刊行事務局編集『沖縄大百科事典』上・中・下（沖縄タイムス社・一九八三年）
沖縄タイムス社編著『鉄の暴風――沖縄戦記』（沖縄タイムス社・一九九三年）
奥平康弘「名古屋高裁の『自衛隊イラク派兵差止請求控訴事件』判決について」（上）（下）『世界』

二〇〇八年七月号・八月号
翁長雄志『闘う民意』（角川書店・二〇一五年）
川平成雄『沖縄 空白の一年 一九四五〜一九四六』（吉川弘文館・二〇一一年）
河上暁弘『平和と市民自治の憲法理論』（敬文堂・二〇一二年）
古関彰一「沖縄にとっての日本国憲法」『法律時報』六八巻一二号（一九九六年）
古関彰一・豊下楢彦『沖縄 憲法なき戦後——講和条約三条と日本の安全保障』（みすず書房・二〇一八年）
「しんぶん赤旗」政治部外交・安保班『検証 日米地位協定——主権を取り戻すために』（日本共産党中央委員会出版局・二〇一七年）
杉原泰雄『人権の歴史』（岩波書店・一九九二年）
瀬長亀次郎『新装版 沖縄の心——瀬長亀次郎回想録』（新日本出版社・二〇一四年〔初版：一九九一年〕）
高良鉄美「米軍統治下の沖縄における平和憲法史」『琉大法学』六七号（二〇〇二年）、同「復帰後の沖縄における平和憲法史」同六九号（二〇〇三年）
内藤 功（聞き手：中谷雄二・川口 創）『憲法九条裁判闘争史——その意味をどう捉え、どう活かすか』（かもがわ出版・二〇一二年）
中野好夫編『戦後資料 沖縄』（日本評論社・一九六九年）
仲山忠克・小泉親司・渡久地修共著『日米地位協定 沖縄からの告発』（安保破棄中央実行委員会・二〇一九年）

波平恒男「沖縄がつぐむ『非武の安全保障』思想」島袋 純・阿部浩己（責任編集）『沖縄が問う日本の安全保障』（岩波書店・二〇一五年）所収
布川玲子・新原昭治編著『砂川事件と田中最高裁長官――米解禁文書が明らかにした日本の司法』（日本評論社・二〇一三年）
林 博史『米軍基地の歴史――世界ネットワークの形成と展開』（吉川弘文館・二〇一二年）
比嘉春潮・霜多正次・新里恵二『沖縄』（岩波新書・一九六三年）
樋口陽一『憲法』（創文社・一九九二年）
比屋根照夫「無戦論の系譜」前掲・石原昌家など編『オキナワを平和学する！』所収
深瀬忠一『恵庭事件における平和憲法の弁証』（日本評論社・一九六七年）
深瀬忠一『戦争放棄と平和的生存権』（岩波書店・一九八七年）
古川 純・山内敏弘『戦争と平和』（岩波書店・一九九三年）
山内敏弘『平和憲法の理論』（日本評論社・一九九二年）
山下健次「平和研究と平和憲法学――日本国憲法における平和主義原理の規範構造と積極的政策展開」深瀬忠一・杉原泰雄・樋口陽一・浦田賢治編『恒久世界平和のために――日本国憲法からの提言』（勁草書房・一九八八年）所収
吉田善明・影山日出弥・大須賀 明『沖縄と憲法』（敬文堂・一九七一年）
与那国 暹『沖縄・反戦平和思想の形成』（新泉社・二〇〇五年）

関連の拙稿（刊行順）

『平和的生存権の弁証』（日本評論社・二〇〇六年七月）

「平和憲法の国際協調主義――改憲論への根本的批判のために」深瀬忠一・上田勝美・稲正樹・水島朝穂編著『平和憲法の確保と新生』（北海道大学出版会・二〇〇八年一二月）所収

「平和的生存権論の展開状況――二〇〇八年名古屋高裁判決以降の特質」『愛知大学法学部法経論集』一九七号（二〇一三年一二月）〔同誌は以下『法経論集』と表記〕

「沖縄における平和的生存権の可能性」『法経論集』一九八号（二〇一四年三月）

「沖縄米軍基地訴訟における平和的生存権の主張」『法経論集』一九九号（二〇一四年八月）

「日本国憲法制定期における沖縄の位置――帝国議会の審議から」『法経論集』二〇〇号（二〇一四年九月）

「占領最初期の沖縄の統治機構――『沖縄諮詢会』についての分析を中心に」『法経論集』二〇一号（二〇一四年一二月）

「占領期沖縄の統治機構の変遷――日本国憲法との接点を探りつつ」『法経論集』二〇二号（二〇一五年三月）

「平和的生存権の総合的・基底的権利性――沖縄に即した一考察」『法経論集』二〇五号（二〇一六年一月）

「沖縄で平和憲法を学ぶ――辺野古新基地問題と『安全保障』法制」『平和文庫』二九（札幌福音的教育・平和研究会。二〇一六年三月）

「沖縄から問う憲法と平和〔連続企画：憲法九条実現のために（5）〕」『法と民主主義』五〇七号（二〇一六年四月号）

「沖縄・辺野古裁判で問う日本の政治――国対沖縄県の訴訟の意味するもの」『平和運動』五四三号（二〇一六年七月）
「沖縄施政権返還と日本国憲法」『法経論集』二〇八号（二〇一六年九月）
「沖縄の住民保護条例を提唱する――米軍の加害行為と自治体の役割」『現代の理論』二〇一七夏号（二〇一七年七月）
「安保法制違憲訴訟における平和的生存権の主張」『法経論集』二一一号（二〇一七年七月）
「沖縄の平和的生存権」『法学セミナー』七五一号（二〇一七年八月）
「沖縄における平和的生存権の現在――『平和への権利』国連宣言の成立を視野に」『人権と部落問題』九〇二号（二〇一七年八月）
「宮古島人頭税廃止運動の成功とその背景――請願権の観点からの考察」『法経論集』二一四号（二〇一八年三月）
「沖縄の平和思想の特質」『法経論集』二一七号（二〇一八年一二月）
「安倍政治の終焉と憲法の再生――沖縄から展望する」『月刊憲法運動』四八〇号（二〇一九年四月）
「沖縄から見た安保体制と第九条」杉原泰雄・吉田善明・笹川紀勝編著『日本国憲法の力』（三省堂・二〇一九年六月）所収
「日米地位協定とは何か」『学習の友 別冊二〇一九』（二〇一九年九月）
「『平和な空を守る条例』を求める請願――米軍と対峙する住民の努力」憲法ネット一〇三編『安倍改憲・壊

憲総批判——憲法研究者は訴える』（八月書房・二〇一九年一二月）
「今日の憲法政治と平和的生存権」稲 正樹・中村睦男・水島朝穂編『平和憲法とともに——深瀬忠一の人と学問』（新教出版社・二〇二〇年二月）所収

【著者略歴】

小林　武（こばやし・たけし）
1941 年 京都市生まれ
南山大学教授、愛知大学教授を定年退職後、沖縄移住
現在 沖縄大学客員教授、法学博士、弁護士
専攻 憲法学・地方自治法学
「平和・民主・革新の日本をめざす全国の会」代表世話人

〔おもな著書・訳書〕

『憲法と地方自治〔現代憲法体系 13〕』（共著、法律文化社・2007 年）
『平和的生存権の弁証』（日本評論社・2006 年）
『憲法判例論』（三省堂・2002 年）
『地方自治の憲法学』（晃洋書房・2001 年）
（翻訳）ハンス・チェニ著『現代民主制の統治者』（信山社・1999 年）
『自治体憲法〔自治体法学全集 2〕』（共著、学陽書房・1991 年）
『現代スイス憲法』（法律文化社・1989 年）　など多数

沖縄が問う平和的生存権

2020 年 10 月 1 日　初版　　定価はカバーに表示

小林　武　著

発行所　学習の友社

〒 113-0034　東京都文京区湯島 2-4-4

TEL03（5842）5641　FAX03（5842）5645

振替　00100-6-179157

印刷所　モリモト印刷

落丁・乱丁がありましたらお取り替えいたします。

ＩＳＢＮ　978－4－7617－0719－4　Ｃ0036